낯선 사람과의 대화가 매력적인 이유는
우리가 그들에 대해 아무것도 알지 못하기 때문이다.

하버드대학 출신 기자 에드몬드 페레스

상대방이 말을 하고 싶어 하기만 하면 당신은 어떤 정보라도 얻을 수 있다.
하지만 어떤 사람들은 이런 정보를 캐치할 줄을 모른다는 것이 문제다.

심리학자 플랜더스 댄

어떤 사람의 목소리는 중요한 언어적 기억이다.
우리는 평생 이런 정보를 수집하고 이 기억을 통해 그 사람을 인식할 수 있다.
심리학자 스티븐 주버트

내가 아는 가장 성공적인 사람들의 대부분은
말하기보다는 더 많이 듣는 이들이다.
버나드 바루크

学会说话：社交沟通中的刻意练习
ISBN: 9787115533869
This is an authorized translation from the SIMPLIFIED CHINESE language edition entitled 《学会说话：社交沟通中的刻意练习》 published by Posts & Telecom Press Co., Ltd., through Beijing United Glory Culture & Media Co., Ltd., arrangement with EntersKorea Co.,Ltd.

호감 가는 말투에는 비밀이 있다

호감 가는 말투에는 비밀이 있다

펴낸날 2022년 8월 11일 1판 1쇄

지은이 장신웨
옮긴이 하은지
펴낸이 강유균
편집위원 이라야 남은영
기획·홍보 김아름 김혜림
교정·교열 이교숙 정아영
경영지원 이안순
디자인 바이텍스트
마케팅 신용천

펴낸곳 리드리드출판(주)
출판등록 1978년 5월 15일(제 13-19호)
주소 경기도 고양시 일산서구 고양대로632번길 60, 207호(일산동, 대우이안)
전화 (02)719-1424
팩스 (02)719-1404
이메일 gangibook@naver.com
홈페이지 www.readlead.kr

ISBN 978-89-7277-364-1 (03320)

* 잘못된 책은 바꾸어 드립니다.
* 책값은 뒤표지에 있습니다.

최고 스타강사의 상대를 사로잡는 말하기 비법_실전편

오해는 줄이고
이해는 높이는
말하기 습관

소통의 달인으로
만들어주는
실전공략비법

300여 개 기업
임직원 교육
말하기 지침서

호감 가는 말투에는 비밀이 있다

장신웨 지음
하은지 옮김

리드리드출판

prologue

호감 가는 말이 기회와 사람을 끌어당긴다

여러 기업에서 말하기 방법을 강연한 나는 이제 소통의 해법을 대중에게 알리는 중이다. 이 작업은 관계의 소통은 물론 사회적 소통까지 이끌고 있다. 말하기 영향력이 작용하는 모습을 직접 경험하고 보고 들었기 때문이다. 이에 소통의 기술을 교육하는 사람으로서 막중한 책임감과 소명의식을 갖게 되었다.

말이 중요한 이유는 굳이 설명하지 않아도 다들 안다. 하지만 말하기는 어렵다. 상담 프로그램을 보더라도 대부분 갈등의 원인은 말이다. 말만 잘해도 파국으로 치닫는 관계를 회복시킨다. 말이 무엇이기에 경제력보다 센 위력을 가지고 있을까?

말에는 인격이 담긴다. 누군가 하는 말을 듣고 있으면 그 사람의 됨됨이나 교육의 수준을 알 수 있다. 더 깊이 대화하면 그의 가치관이나 삶을 대하는 태도까지 파악된다. 일차적으로 말을 할 때 사용하는 어휘나 문장의 표현이 이를 알려주지만 말하는 습관이나 말의 예법을 보면 더욱 확실하게 느끼게 된다. 이로 인해 한두 번의 만남으로 상대가 어떤 사람인지 어느 정도 간파된다.

그런 의미에서 우리가 매일 하는 말은 생각보다 큰 위력을 지닌다. 긍정적인 영향력을 보자면 어떻게 말하느냐에 따라 상대의 마음을 사로잡을 수 있다. 상대의 호감을 살 수 있으며 진정성 있는 사람으로 인정받고 자신의 신뢰도를 높인다. 어디 그뿐인가. 오해와 갈등을 풀어주고 어긋난 관계를 회복하는 기회를 얻기도 한다. 남다른 유대감을 키우는 방법도 구체적인 행동이 아니라 다정하게 건네는 말 한마디이다. 마음의 상처를 치유하기도 하고 닫힌 마음을 열게도 한다.

반면에 말을 잘하지 못하면 자신에게 마이너스 영향력이 미친다. 농담처럼 던진 한마디가 자신의 이미지를 추락하게 만들고 상대는 경계심을 가진다. 친해지고자 한 말 때문에 가볍고 경솔하다는 인상을 남기기도 하며 가식적인 사람으로 오해받기도 한다. 고민 끝에 건넨 위로인데 오히려 상대의 마음을 불편하게 만들고 갈등만 유발하게 된다. 분명히 그의 말을 듣고 조언해주었는데 상대는 기분 나빠한다. 의견을 말했을 뿐인데 반발심을 불러일으키는 꼴이 되고 만다. 결과가 이렇다 보니 전화나 메시지를 통해 자신의 의사나 의중을 전달하기도 겁난다. 이것 또한 말 아닌가.

같은 언어를 사용한 말인데 왜 이런 차이와 문제가 생기는 걸까. 답은 하나다. 말하기 실전에 약하기 때문이다. 말하기는 실전에 강해야 한다. 시중에는 '말하는 법'을 알려주는 도서가 헤아릴 수 없이 많다. 하지만 다 뒤져봐도 자신에게 딱 적용하여 '말'의 문제에 봉착한 당신에게 해결책을 제시해주는 책은 찾아보기 힘들다. 이론에만 치우쳐 현장감이 떨어지거나 실전에 대입해 응용할 만한 사례가 제시되어 있지 않다. 무조건 상대를 배려해 말하라는 말은 이제 지겹다. 논리적으로 말해야 한다는 것은 알지만 매사에 논리를 적용하려니 말이 잘 나오지 않는다. 말이 소통의 기본이므로 사실과 감정을 이해하고 정확하게 요구하고 의견을 밝히라고 한다. 하지만 그렇게 말할수록 자기밖에 모르는 이기주의자라는 꼬리표를 달게 된다. 말하기 책이 알려준 대로 했지만, 코너에 몰리는 상황이 되었다는 원망이 나오는 이유이다.

말하기는 이론을 인지하고 실전 연습을 통해 훈련해야 한다. 이 책은 말하기 실전을 보여준다. 직장이나 가정에서 말 때문에 생기는 여러 문제 상황을 재현해 직접 응용할 방법을 제시한다. 가장 빈번하게 부딪히는 동료나 가족과 대화 요령을 실제 생활에서 벌어지는 현상을 재현하고 이에 맞춰 말하는 법을 설명해준다. 대화의 목적에 따라 상황을 구분하고 어떻게 상대방의 말을 해석해야 하는지, 상대의 기분을 헤아리면서 거절과 수용의 의사를 표현하도록 돕는다. 서로 다른 유형의 사람에게 어떻게 공감하고 경청하고 접근해야 하는지도 알려준다.

이 책은 말하기와 대화법 강의의 결과물이다. 소통 훈련에서 터득한 핵심과 많이 받았던 질문을 추려 자세하게 설명했다. '대화의 예절'에 관한 내용도 있고 '대화 능력'에 집중한 내용도 있다. 책을 읽고 나면 가장 간단한 '대화 예절'에서부터 대화를 나눌 때 자신의 '정서 관리'나 '가치의 조율'을 경험할 수 있다. 분명히 말하지만 대화의 '기술'과 대화의 '길'은 다르지 않다. 내면과 외면은 함께 훈련하고 수련함으로써 지식과 행함이 하나가 되어 간다. 그로 인해 당신은 더욱 단단하고 자랑스러운 내면을 갖게 될 것이다.

소통의 목표는 단계별로 차근차근 쉬운 것부터 문제를 풀어가야 한다. 현재 소통의 문제에 직면해 있다면 자신의 문제 상황에 맞추어 골라서 읽거나 일부 내용만 읽어봐도 된다. 처음부터 전체를 다 읽는다면 금상첨화겠지만 대화에 자신이 없는 부분부터 읽어도 무방하다.

말을 하는 데 있어서 무엇보다 중요한 부분은 '자신을 이해하는 것'이다. 자신을 모르고서는 말하는 방식이나 습관을 바꿀 수 없다. 그래서 이 책에 자신이 어떤 유형인지, 어떤 사람이고, 어떻게 말하는지를 돌아볼 수 있도록 테스트해볼 수 있을 뿐만 아니라 실전 연습 노트를 통해 말하기 비법을 현장에서 바로 적용할 수 있게 도와준다. 자신이 하는 말의 긍정적 결과를 만들어내고 싶다면 이 책의 도움을 받아보자. 주변 사람들이 자신의 말에 귀 기울이고 호응해주기를 바라는 사람이나 기회와 사람을 끌어당기고 싶다면, 이 책이 구체적이고도 실용적인 해답을 알려줄 것이다.

이 책에 소통 훈련 10년의 노하우를 고스란히 담았다. 교육과 훈련에 참여해 자신을 변화시켜 소통에 자신감을 찾은 모든 분께 감사드린다. 그들이 내게 어떻게 말하는지를 가르쳐주었다. 그들이 내 스승이자 본보기이다. 앞으로 더 많은 분이 자신이 가진 재능에 말하기 능력을 더해 인정받고 삶을 성취해 나가기를 희망한다.

이 책이 그 출발이다!

장신웨

차례

PART 2 갈등을 해소하라

만약 우리가 듣기에 대한 욕심이 없다면 말하고 싶은 욕심도 크게 감소할 것이다.
이 측면에서 보면 가볍게 말할 줄 아는 것 자체가 자신의 말하기 능력과
다른 사람의 듣기에 대한 욕심을 강화한다는 것을 알 수 있다.

협상전문가 맥스 베이저만

PART 1

나를 알고 적을 알라

모든 사람은 꽃처럼 저마다의 색을 가지고 있다.

- 모두가 피하는 사람과 소통하는 법
- '합격'한 청중이 되려면?

실전 1 · 마음을 다해 경청하기

나를 내려놓고 진실을 들여다보라

자기만의 세계에 갇혀 사는 사람은 다른 사람의 목소리를 듣지 못한다. 스스로 문을 열고 나와야 한다. 다른 이들의 말에 귀 기울이는 경청과 공감은 건강한 관계를 맺는 첫걸음이다.

미시간대학의 조사에 따르면 청소년 자녀와 부모의 하루 평균 대화 시간은 14분밖에 되지 않았다. 그중 12분은 저녁 메뉴나 학업, 차량 픽업에 관한 얘기로 감정을 증진하는 대화 시간은 고작 2분밖에 되지 않았다. 또한 여성 4,500명을 대상으로 "배우자가 당신을 가장 화나게 하는 순간은?"이라는 설문에는 77%의 응답자가 "내가 하는 말을 듣지 않을 때!"라고 답했다. 화이트칼라의 유효 경청 비율은 25% 정도밖에 되지 않는다는 실험결과도 있다.

영업 사원을 대상으로 진행한 역학조사에서 실적이 좋은 10%의 사람과 실적이 낮은 10%의 사람 사이에는 '경청'의 상관관계가 드러났다. 실적이 좋은 영업 사원은 말하는 시간이 평균 12분밖에 되지 않았지만, 실적이 저조한 영업 사원은 최대 30분까지 말했다. 고객을 만나는 시간이 같다는 제한적인 조건이라면 영업 사원이 말을 많이 하면 고객의 말할 기회는 줄어든다. 사교에 관한 실험에서도 80% 말하고 20%만 듣는 상대가 가장 싫어하는 유형으로 뽑혔다. 말이 많으면 자연스레 듣는 시간은 줄어든다.

경청의 비밀

◆ 인지 필터기와 감정 촉발기

다른 사람과 대화할 때 잘 듣느냐, 듣지 않느냐의 여부는 개인의 문화적 배경이나 과거의 경험, 인생에 대한 태도, 지식 구조, 대인관계를 맺는 습관 등 여러 요소의 영향을 받는다. 특히 듣기에서는 인지 필터가 작용하는데 자신의 개성이나 심리, 스트레스, 필요나 편견, 환상이 영향을 준다.

우리는 정보를 수용할 때 자신만의 필터로 내용을 걸러내며 듣는다. 감각기관과 연결된 감정 촉발기에서 언어를 들을 때 각양각색의 연상과 정서적 반응을 표출한다. 그러니까 상대가 말한 의미 그대로 자신에게 입력되고 전달된다고 할 수 없다. 같은 말이라도 사람마다 연상하는 인물이나 사건, 사물이 다르며 반응하는 감각도 제각각이기 때문이다. 감정 촉발기는 대뇌의 감정을 자극해 특정 화제에 반감을 보이도록 유도한다. 때로는 과도한 몰입으로 이끌어 말 한마디에 흥분하기도 하고, 감정이 격해지지기도 한다. 이러한 반감과 과몰입의 상태에서는 객관적 판단을 내리기 어렵다.

◆ 정확하게 말하기의 차이

미국의 인류학자 에드워드 홀Edward T. Hall은 문화를 '고맥락 문화high-context'와 '저맥락 문화low-context'로 나누고 문화적 배경에 따라 사람들이 어떻게 소통하는지 연구했다. 먼저 저맥락 문화에서 소통하는 사람은 최대한 명확하게 정보를 전달한다. 방대한 내용으로 설명이 상세하고 구체적이다. 그들은 자기 의사를 정확하게 전달해야 한다는 책임 의식을 갖고 있다. 반면 고맥락 문화는 언어로 전달하는 정보보다, 더 많은 정보가 대화의 배경(보편적인 사회 규칙)과 대화를 나누는 감각(언어 이외)에 포함되어 있다. 그래서 소통할 때 정보의 내용이 간결했다. 말하지 않아도 아는 방식의 소통을 선호하므로 듣는 사람이 들은 말의 숨은 뜻을 찾고 알아내야 한다. 그만큼 상대에 대한 이해와 지적 혜안이 필요하다. 저맥락 문화의 소통 방식과 완전히 반대인 것이다. 그래서 저맥락 문화에서 살아온 사람이 어떤 사실이나 근거를 들어 매우 상세하게 설명하면 고맥락 문화의 사람은 공격당한다고 생각한다. 상대가 매우 교만하고 자신을 배려해주지 않는다고 여기는 것이다. 마찬가지로 고맥락 문화의 사람이 자기 의사를 상징적으로 표현하면 저맥락 문화의 사람은 자신을 무시한다고 생각하기 쉽다.

나쁜 경청	좋은 경청
평가: 자기 기준으로 남을 판단하고 질책하며 평가한다.	**중립:** 서술식 경청의 방식을 사용하며 "제가 ~라고 들은 게 맞나요?"라는 질문으로 구체적인 정보를 획득한다.
통제: 상대의 생각을 바꾸려고 하고 선택의 여지를 주지 않는다.	**존중:** 상대가 자신의 의견을 견지하고 선택할 수 있게 한다.
지시: 자꾸만 상대를 가르치려고 하고 답을 제시하며 '~해야 해.'라는 말을 자주 사용한다.	**지지:** 이해와 지지를 표현해 상대가 스스로 깨닫게 한다.
박탈: 자신만의 일을 말하거나 자신이 좋아하는 화제로 전환한다.	**공감:** 상대의 감정을 함께 느낀다.
무시: 고고한 자세를 취하며 '내가 너보다 더 잘 알아.', '넌 아무것도 몰라.' 식으로 말한다.	**평등:** 상대를 존중하고 그가 자신에게 가장 잘 맞는 해결 방법을 찾으리라 믿는다.

[표 1-1] 경청에 관한 태도 자가 진단

• 남자는 해결책을 찾고, 여자는 들으려 한다

남성과 여성의 듣기 방식은 매우 다르다. 남성은 있는 그대로의 사실을 들으려 한다. 여성은 소통의 정서와 감정에 더 집중하는 편이다. 여성은 사람에게 집중하고 몰입하지만 남성은 사건과 물체에 시선을 빼앗긴다. 여성은 사건이나 정보의 배경을 듣고 싶어 하며 특히 감정적인 부분에 집중한다. 하지만 남성은 자신의 목표에 따라 들은 정보를 재배치하고 재빨리 해결책을 내놓으려 노력한다. 남성은 상대의 말을 들을 때 '아하, 응, 어'와 같은 추임새로 비교적 간단하고 단순한 반응을 보이지만 여성에게 이

버려야 할 비언어 정보	안전한 비언어 정보
• 뒤로 기대앉거나 비틀어 앉은 자세 • 얼굴을 옆으로 돌리고 상대를 바라보지 않음 • 다리를 떠는 불안한 자세나 가슴에 팔짱을 끼는 방어적 자세 • 상대와 거리를 멀리하거나 상대의 사적인 공간을 침투 • 눈동자를 굴리면서 사방을 둘러보거나 상대를 째려봄 • 양손을 주먹 쥐거나 비비는 부적절한 손동작 • 심각한 목소리를 내거나 어조에 너무 많은 변화를 줌 • 고통스러운 표정을 짓거나 무거운 한숨을 쉼	• 몸을 살짝 앞으로 기울임 • 얼굴을 상대 쪽으로 돌리거나 고개를 적절히 끄덕임 • 열린 자세를 취하거나 몸을 편안하게 하고 시선을 상대와 평등하게 유지 • 상대와 적절한 공간적 거리 유지 • 상대를 적절히 주시함 • 두 손을 편안하게 내려놓고 필요할 때는 상대의 어깨를 두드려주기도 함 • 부드럽고 상대를 즐겁게 하는 목소리 • 관심과 인정을 표현하거나 기쁜 표정을 드러냄

[표 1-2] 경청에 관한 비언어 정보 자가 진단

렇게 반응하면 상대가 자기 이야기에 공감하는 게 아니라 건성으로 듣는다고 생각한다.

이런 남녀의 차이는 아주 어릴 때부터 나타난다. 여자아이는 가장 친한 친구에게 비밀을 털어놓으며 친분을 쌓지만, 남자아이는 대화보다 팀을 만들어 경쟁하며 관계를 형성하는 것이다.

경청의 5+3+3 법칙

◆ 5개의 '마음'

1. 호기심

다른 사람의 말에 호기심을 품자. 대화 전 상대와 나눌 화제에 '재미없음', '지루함', '단조로움'의 꼬리표를 미리 붙이면 듣는 과정에서 중요한 정보를 많이 놓친다.

2. 책임감

경청은 소통하는 사람 사이에서 매우 중요한 기능이다. 듣는 것 또한 대화를 나누는 사람에게 주어진 책임이다. 경청의 성공 여부가 소통의 결과에 미치는 의미는 매우 크다. 정확하게 말하고 정확하게 듣는 자세는 대화의 기본이다.

3. 이타심

들을 때는 상대의 입장을 배려하며 자신을 내려놓아야 한다. 자기감정 기복에 따라 갑자기 상대의 말을 끊으면 안 된다. 자신이 과거에 겪어본 일이라고 상대에게 어떻게 하라고 일방적으로 조언하거나 지시 내리고 명령하는 것도 금물이다.

4. 인내심

상대가 정확하게 의사를 표현하지 못하거나 어설픈 설명으로 횡설수설할 수 있다. 심지어 흥분된 감정으로 했던 말을 반복하거나 격양된 목소리로 항변하며 따지고들 수 있다. 이럴 때는 듣는 사람이 인내심을 발휘해야 한다. 상대에 대한 예의이기도 하지만 좋은 청자는 상대가 마음을 진정하고 자기 생각을 정리할 수 있도록 도와주는 사람이다.

5. 평등심

지위나 재능, 권력 등 여러 면에서 상대보다 자신이 우월하다면 더욱 평등한 자세를 취해야 한다. 상대를 이해할 수 없거나, 인정하지 못할 말을 하더라도 존중하는 마음이 흔들려서는 안 된다.

◆ 3개의 '느낌'

'찰언관색察言觀色, 상대의 말과 안색으로 의중을 살핀다'라는 이 사자성어는 타인의 진짜 생각과 마음을 이해해야 한다는 대화의 기본을 언급한 말이다. 이제 소통할 때 상대의 느낌이나 감정을 알아가는 법을 익혀보자.

1. 눈과 귀로 느끼면 더 많은 정보를 얻을 수 있다

- 누군가와 만났을 때 입은 옷과 정서 상태를 의식적으로 관찰해야 한다. 친분이 있고 잘 아는 사람이라면 첫눈에 평소와 다른 모습이 무엇인지 알아챌 수 있다.
- 상대의 눈빛을 회피하지 말자. 그의 눈빛에서 지지와 온기 혹은 걱정과 불안, 염려를 발견할 수 있다.
- 대화를 나눌 때는 상대의 표정에 주목하자. 특히 당신이 어떤 생각이나 의견을 제시했을 때 상대의 표정에 어떤 변화가 있는지 관찰해야 한다.
- 얼굴을 마주 보는 대화라면 상대의 신체 언어로 속마음을 알아채 보자. 상대가 몸을 앞으로 기울인다면 지금 화제에 흥미가 있다는 것이다. 상대가 무의식중에 손가락으로 책상을 쳤다면 그의 마음은 지금 다른 곳에 가 있다.
- 갑자기 상대방 말의 속도가 빨라지거나 목소리를 키운다면

대화에 주의를 기울이자. 갑자기 입을 닫아버리거나 말을 더듬고 엉뚱한 말을 한다면 아무리 열정적으로 말할지라도 머릿속으로 딴생각을 하는 사람이다. 이러한 변화를 미세하게 알아차리는 사람이 훌륭한 청자이다.

2. 상대와 같은 주파수를 유지한다

- 현재 손에 쥐고 있는 일을 잠시 중단한다.
- 서로 잘 들을 수 있고 양쪽 모두 편안한 위치와 거리를 선택한다.
- 대화 상대에게 열린 신체 언어(가슴 앞으로 팔짱을 끼거나 다리를 꼬는 등의 행동은 피할 것)를 사용한다.
- 시선을 맞춘다.
- 적당히 고개를 끄덕이면서 소통한다.
- 상대와 어느 정도 비슷한 자세를 취한다.

3. 감정의 공감대를 형성한다

- 상대의 호흡을 천천히 따라간다.
- 상대의 정서와 감정이 당신에게 고스란히 들어올 수 있게 한다.
- 상대의 감정적 변화를 충분히 이해하도록 노력한다.
- 정서적 변화를 관찰하면서 어떤 것이 당신의 것이고 어떤 것

이 상대의 것인지 구별한다.

• 표정을 지을 때 상대의 감정선을 따라간다.

◆ 3개의 행동 방안

1. 상대의 말 따라 하기

"맞아요.", "응.", "그러니까요.", "좋아요.", "알겠어요."라는 표현을 자주 사용하자. 상대의 말을 잘 듣고 있다는 암시로 더 많은 정보를 공유하도록 독려하는 방법이다. 혹은 대화 중 들은 핵심 단어를 반복하면서 "아, 진짜 힘들었겠다.", "응. 그러면 안 되지." 등의 말을 해보자. 상대의 말을 간단하게 따라 하면 신기한 효과가 나타난다.

2. 지지 섞인 질문

상대가 계속 말할 수 있게 독려하자. 말에 담긴 정보로 그의 감정과 생각을 파악할 수 있다. 이를 위해 다음과 같은 표현을 사용해보자.

"그래서 당신이 느끼기엔 조금…."

"당신이 하고 싶은 말은…."

"요즘 당신 정말 힘들겠어요. 그렇죠?"

지지의 내용이 내포된 질문은 유도신문이 아니다. 상대의 말을 끊는 행위는 더더욱 아니다. 상대가 자기감정과 사건을 더 정확하게 말하도록 응원하는 것이다. 상대에게 당신의 생각과 관점을 인정하도록 유도하는 방법이기도 하다.

3. 확인성 피드백

상대의 감정을 확실히 이해하며 공감대를 형성하고 싶다면 다음과 같은 표현을 인용하자.

"당신이 방금 한 말은… 정말 …라고 느꼈겠어요."

"당신 덕분에 정말 기뻐요."

"진짜 난처했겠어요. 그런 일을 만나면 저도 그렇게 느꼈을 거예요."

물론 상대의 태도나 생각에 동의하지 못할 때도 있다. 그렇다고 대화를 끊거나 반격하면 안 된다. 대신 부드러운 목소리로 다음과 같이 말해보자.

"당신이 그렇게 말하는 건 좀 불쾌하네요."

"당신이 그렇게 생각했다니 조금 실망이에요."

"무슨 뜻인지 이해했어요. 하지만 내 생각은 조금 달라요."

2분 따라 말하기 실전 연습 노트

먼저 가족이나 동료, 친구 중 함께 훈련에 동참할 파트너를 찾자. 그와 등을 맞대고 앉아 2분 동안 상대가 하는 말을 따라 해야 한다(상대가 한마디 하면 당신이 한마디 따라 하는 식). 절대 말을 끊거나 평가하고 질문해서는 안 된다. 그저 똑같이 따라 할 수만 있다.

• 경청 기록

2분이 길게 느껴지는가?

이 과정에서 당신은 어떤 느낌을 받았는가?

상대의 말을 끊고 싶거나 화제를 당신 쪽으로 끌어오고 싶은 충동을 느꼈는가?

실전 2 · 질문 도구함

좋은 질문이
좋은 답을 이끈다

말을 잘하는 것보다 잘 들어야 한다. 더 나아가 잘 듣는 것보다 질문을 잘하는 게 낫다. 좋은 질문이야말로 정답을 끌어내는 가장 빠른 지름길이다.

말하는 것보다 듣는 게 낫고, 듣는 것보다 묻는 게 낫다

◆ 똑바로 물어보지 않으면 답을 모른다

당신이 호텔 리셉션을 담당이라고 가정해보자. 어느 늦은 밤, 한 젊은 여성 고객이 급하게 들어와 "저기요, 이 호텔은 안전한가요?"라고 물었다.

당신은 뭐라고 대답할 것인가?

A. 고객님, 저희 호텔은 번화가에 위치해 매우 안전합니다.

B. 고객님, 저희 호텔 보안 수준은 뛰어납니다. 고객님들은 단 한 번도 호텔에서 물건을 분실한 적이 없습니다.

A를 선택한 경우, '늦은 밤', '여성 고객'이라는 배경을 먼저 고려한 대답이다. 자신의 안전 문제를 걱정하는 고객의 상황을 추측했을 것이다. 그런데 만일 여성의 직업이 가이드이고 내일 아주 중요한 단체팁을 인솔해야 해서 귀중품을 안전하게 보관하는 데 신경을 썼다면 어땠을까? 그녀에게는 보안 시설 문제가 더 중요하므로 아마 B처럼 대답했을 것이다. 이를 미리 알았다면 대답은 당연히 달라진다.

누군가를 도와주고 싶어 자기 의중을 건의하거나 방법을 제시할 때가 있다. 반대로 누구의 부탁이나 요청에 선뜻 도움을 주고 싶기도 하다. 어떤 사람은 자신을 'OO전문가'라 칭하며 상담을 자처하고 도움의 손길을 내민다. 그렇지만 대화 과정에서 질문의 요지가 확실하지 않으면 누구라도 정확한 답을 줄 수 없다. 잘못된 답변이나 다른 의견제시는 상대를 난처하게 만든다. 심하면 곤경에 몰아넣기도 한다.

◆ 상황을 정확히 물어보자

편집자가 디자이너에게 "표지를 좀 멋지게 만들어주세요."라고 말했다. 디자이너는 밤을 새워 대범하고 화끈한 표지를 만들어 제출했다. 그런데 도안을 본 편집자는 한숨을 내쉬었다. 그가 원한 멋진 표지란 깔끔하고 간결한 스타일이었기 때문이다.

영업팀장이 인사 담당자에게 "똑똑한 비서 한 명만 뽑아주세요."라고 부탁했다. 인사 담당자는 영업팀장이 강조한 똑똑함에 주안점을 두어 IQ 130 이상의 직원을 채용했다. 하지만 영업팀장은 만족하지 못했다. 대화가 잘 통하지 않고 타인과의 협업이 어려운 사람이었기 때문이다.

우리는 자기 기준이 확고한 문제에 대해 질문하지 않는다. 상대를 귀찮게 할까 봐 질문을 아끼기도 한다. 그러다 자기 생각과 결과가 다르면 그제야 비로소 문제를 깨닫고 발을 동동 구른다. 질문은 대화에 빠져서는 안 될 매우 중요한 기능이고, 소통에서 확인을 담당하는 창구이다. 현명하게 소통하는 구성원은 질문을 입버릇처럼 사용한다.

"당신 말뜻이 … 맞나요?"

"우리가 이런 방향으로 하려는 게 맞나요?"

"제 생각에 당신은 …이 맞나요?"

"제가 정확히 말했나요?"

"혹시 다른 질문 있으신가요?"

"그럼 이렇게 정하도록 하죠. 괜찮으신가요?"

◆ 질문을 아끼면 기회를 놓친다

한 고객이 배를 사기 위해 시장에 갔다. 첫 과일 가게에서 그녀가 물었다.

"배 한 상자에 얼마인가요?"

"한 상자에 사만 원입니다. 아주 크고 달아요. 진짜 맛있어요."

그런데 사장의 말이 끝나기도 전에 그녀는 몸을 돌려 다른 과일 가게로 갔다. 두 번째 가게에 이르러 그녀가 물었다.

"배 한 상자에 얼마예요?"

"한 상자에 사만 원입니다. 어떤 배를 찾으시나요?"

"좀 새콤달콤한 배요."

"잘됐네요. 이 배가 크고 새콤달콤해요. 맛 좀 보세요."

그녀는 맛을 보았다. 과연 원하는 만큼 새콤달콤하고 시원해서 몇 개를 샀다. 배를 사서 집으로 돌아가는 길에 세 번째 과일 가게가 나오자 그녀는 궁금해서 또 물었다.

"사장님, 배 한 상자에 얼마예요?"

"한 상자에 사만 원입니다. 어떤 배를 찾으시나요?"

"좀 새콤달콤한 배요."

"아, 새콤달콤한 배를 찾으세요? 다른 분들은 달콤한 걸 찾으시던데요."

"제 며느리가 지금 임신 4개월 차라 새콤달콤한 게 먹고 싶다고 하네요."

"아이고, 축하드려요! 그럼 키위는 어떠세요? 새콤달콤하면서 비타민이 많이 들어있어 태아에게도 좋아요. 신맛 찾으시는 며느리에게도 좋고 영양가가 높으니 태아에게도 아주 좋지요. 일석이조입니다!"

사장의 말이 일리가 있다고 생각한 그녀는 키위도 몇 개 구매했다.

첫 번째 과일 가게 사장은 대답만 하고 질문은 하지 않아서 아무것도 팔지 못했다.

두 번째 과일 가게 사장은 대답과 질문을 동시에 해서 생각한 대로 배를 팔았다.

세 번째 과일 가게 사장은 무엇이 필요한지, 왜 필요한지를 물었다. 그녀의 대답에서 앞뒤 맥락을 이해한 다음 새로운 판매 기회를 포착했다.

질문에 해당하는 답변만 하면 좋은 기회를 놓친다. 영업하는 사람이라면 소비자의 수요를 많이 물어봐야 한다. 이것이 비즈니스 기회를 포착하는 길이다. 교사는 학생들이 수업 내용을 잘 이해했는지 자주 물어야 한다. 교습의 포인트를 발견하는 계기가 된다. 연애 중인 연인이라면 그(그녀)가 무엇을 좋아하는지 많이 물어봐야 관계가 더 돈독하게 유지된다. 질문을 통해 고급 정보를 알게 되기 때문이다.

질문도 기술, 좋은 질문이 답을 끌어낸다

엘리스가 토끼에게 물었다.

"어떤 길로 가야 하니?"

토끼가 말했다.

"어디 가는데?"

엘리스는 가만히 생각해보고 대답했다.

"어딜 가든 난 상관없어."

토끼가 다시 말했다.

"그럼 어느 쪽으로 가든 상관없겠네."

《이상한 나라의 엘리스》 중에서

◆ 본질로 돌아가는 5가지 질문

도요타의 업무 개선 프로세스 중에는 "다섯 번의 왜?"가 있다. 이는 문제의 배후에 숨겨진 원인을 찾는 분석에 자주 사용된다. 더 나아가 다섯 번의 물음으로 개선점까지 찾을 수 있다.

어느 회사에서 매년 정기적으로 하는 건물 외벽 수리 때문에 다수의 인력과 엄청난 재정이 들어갔다. 이 문제를 "다섯 번의 왜?" 분석법으로 해결해보자.

문제 : 회사 건물 외벽은 왜 정기적으로 관리해야 하는가?

정답 : 외벽이 부식되어 흉물스럽기 때문에 벽을 정기적으로 청소하고 수리해야 한다.

문제 상황이 드러났다. 여기에 다섯 번의 질문을 적용하면 해결방안을 찾을 수 있다.

1. 왜 자주 청소해줘야 하는가?

→매일 제비 분비물이 떨어져 외벽을 더럽히기 때문이다.

2. 왜 그렇게 많은 제비의 분비물이 생기는가?

→건물 주변에 제비들이 많아 분비물도 많다.

3. 왜 그렇게 많은 제비가 있는가?

→건물 창문에 제비가 좋아하는 거미가 살기 때문이다.

4. 왜 창문에 거미가 있을까?

→창문을 통해 드나드는 작은 날벌레를 잡을 수 있기 때문이다.

5. 왜 그런 날벌레가 많을까?

→먼지와 창문에 비친 광선이 실내 날벌레들의 번식을 돕기 때문이다.

여기까지 질문하면 간단하고 단순한 해결방안이 나온다.

해결방안 : 날벌레의 번식도 방지하고 드나들 수 없도록 커튼을 단다.

이렇게 꼬리에 꼬리를 무는 "왜?"라는 질문으로 문제의 본질을 들여다보자. 문제의 본질을 보는 사람은 '말 한마디로 잠을 깨우는' 사람이다.

◆ 열림과 닫힘, 두 요소로 대화를 내 손안에

목표를 가둬버리는 '닫힌 질문'

'예' 혹은 '아니요'로만 대답해야 하는 질문이 있다. 이는 대답의 범위를 미리 한정 짓는 닫힌 질문이다. 질문의 의도와 목표가 매우 뚜렷하다는 특징이 있다. 닫힌 질문의 최대 장점은 'A 아니면 B'의 대답으로 끝나 짧은 시간에 필요한 정보를 얻어낼 수 있다. 하지만 대화할 때 이 질문만 사용하면 상대는 압박감을 느낀다. 반복되고 계속되면 대화는 '파국'으로 끝난다.

정보를 얻어내는 '열린 질문'

닫힌 질문에 비해 열린 질문은 훨씬 부드럽다. 답의 선택지를 제시하는 게 아니라 상대가 하고 싶은 말을 하게 해 필요한 정보를 최대한 얻어낼 수 있다. 즐겁고 유쾌한 분위기가 전제된다면 대화가 파국으로 치닫는 걸 통제할 수 있다. 은연중에 더 많이 듣고, 더 많이 이해하고, 더 많이 생각해 모든 상황에 의연하게 대처하기 때문이다. 효과적으로 열린 질문을 활용하고 싶다면 다음과 같은 방식을 사용해보자.

상황 : 기업의 강의를 설계해주는 당신에게 강의를 요청이 들어왔다.

◉ 가장 간단한 방법, 직접 물어보기

"귀사는 어떤 스타일의 강사를 좋아하시나요?"

◉ 상대의 대답이 모호할 때는 이미지를 떠올리게 하라

"예전에 들었던 강의 중 어떤 강의가 가장 인상 깊었나요? 그 강의를 담당한 강사는 어떤 사람이었나요?"

"과거 귀사에서 교육 과정을 진행했을 때 가장 인기가 좋았던 강사는 누구인가요? 그 강사의 강의에는 어떤 특징이 있었나요?"

◉ 열림과 닫힘, 두 가지 요소로 대화를 리듬을 잡아라

닫힌 질문은 한 단계씩 문제 원인에 가까워지게 만든다. 하지만 열린 질문은 한 단계씩 답안을 찾아간다. 그러므로 이 두 가지 질문의 형태를 결합하면 소통의 효과는 커진다.

IT 기업 바이두에는 전화 판매 상담원을 위한 매뉴얼이 있다. 소통의 방향이 단계별로 나와 있어 고객의 요구를 이해하도록 돕는다. 그로 인해 판매 과정이 신속하고 효과적으로 진행된다.

1단계 : 닫힌 질문으로 고객 분류하기

"고객님께서는 …을 하신 건가요?"

"고객님은 …."

2단계 : 열린 질문으로 고객의 수요 파악하기

고객에게 제품의 사용 경험을 말하게 한다. 결과에 만족하는지, 만족하는 이유는 무엇인지, 불만 사항은 무엇인지 물으면서 고객의 경험을 공유한다. 공유하는 내용이 많아질수록 고객을 이해하게 되어 관심 있는 제품을 알게 된다.

3단계 : 반 열린 질문으로 수요의 구체사항 묶어두기

고객과 이야기를 나눈 후에는 소통의 목적에 따라 심도 있는 대화를 진행해야 한다.

"고객님께서 가장 만족하신 부분은 …이 맞나요? 이 부분에서 추가적인 건의 사항이 있으신가요?"

4단계 : 닫힌 질문으로 수요 포인트 확인하기

고객의 수요를 정확하게 파악하였다면 소통이 일단락되었다는 걸 의미한다. 이제 본격적으로 대화의 목표와 주제로 들어가야 한다.

"고객님의 생각에 완전히 동의합니다. 저 또한 그 부분에서 고객님께 소개해드리고 싶은 제품이 있습니다."

질문에는 설계가 필요하다

질문의 설계는 어렵지 않다. 자신의 목표가 무엇인지 기억하면 된다. 위 예시의 소통 목표는 제품 판매였다. 그러므로 상담원의 모든 질문은 적절한 세일즈 포인트를 찾기 위한 필수 경유지였다.

◆ 주관적인 판단을 막아주는 3가지 파악법

1. 문제를 다르게 분석하여 진상을 파악한다. 다음 대화에 존재하는 리스크는 무엇일까?

직원 : 일정대로 기술 지원 프로젝트를 끝낼 수 없을 것 같습니다.

상사 : 왜? 무슨 일인데 그러죠?

직원 : 일부 부서에서 전혀 협조해주지 않아요.

상사 : 이유가 뭔데요?

직원 : 다들 납기 기한이 너무 촉박해서 준비할 시간이 없다는 불만이에요.

상사 : 그 이유가 뭐라고 생각하나요?

직원 : 이 일이 원래 그 팀원이 담당하는 일이 아니거든요. 그러니 소극적일 수밖에요.

상사 : 그럼 그 팀의 팀장은 이 상황을 알고 있나요?

직원 : 아직 모릅니다.

상사 : 알겠어요. 내가 그쪽 팀장을 찾아가서 얘기해보죠.

이처럼 문제가 생기면 사건의 원인만 묻는다. 대체 왜 그런 일이 생긴 건지 원인을 확인하는 작업은 생략한다. 설령 상대의 입을 통해 원인을 알아냈다고 해도 주관적인 판단으로 단정한다. 문제가 발생하면 최대한 빨리 해결하는 데 급급하기 때문이다. 그 결과 시간은 시간대로 흐르고 문제 해결은 차일피일 늦어진다. 문제를 직시하고 가로막고 있는 원초적 진상을 파악이 선행되어야 한다.

직원 : 일정대로 기술 지원 프로젝트를 끝낼 수 없을 것 같습니다.

상사 : 왜요? 무슨 일인데 그래요?

직원 : 일부 부서에서 전혀 협조해주지 않아요.

상사 : 어떤 부서죠? 좀 더 구체적으로 얘기해줄 수 있나요?

직원 : 다들 납기 기한이 너무 촉박해서 준비할 시간이 없다고 불만이에요.

상사 : 납기가 언제인데요? 준비해야 할 게 뭐죠? 가장 큰 어려움이 뭔가요?

2. 행동에 관한 질문으로 문제의 원인을 파악한다. 다음 대화에 존재하는 리스크는 무엇일까?

직원 : 고객이 메일에 회신도 없고 전화도 받지 않습니다. 일을 진행할 수가 없어요.

상사 : 그래요? 어떤 식으로 연락했나요? 제일 처음에 연락한 게 언제죠?

직원 : 처음 연락한 건 한 달 전입니다. 어제 메일도 보냈고요. 메일은 이미 네 번이나 전송했습니다.

상사 : 전화는 해봤나요?

직원 : 어제부터 전화를 걸었는데 소용없었습니다.

상사 : 그럼 이 안건을 놓고 회의를 해야 한다고 생각하나요?

직원 : 네. 그렇습니다.

상사 : 좋아요. 그럼 시간을 잡아봅시다.

우리는 상대의 행동을 이해하려고 노력하지만, 그 행동 뒤에 숨은 원인은 밝히려 하지 않는다. 그로 인해 그의 행동이 어떤 문제를 가지는지, 어떤 이유로 그런 문제가 발생했는지 판단하지 못한다. 그렇게 간과한 행동이 반복적으로 나타나면 소통을 효과적으로 할 수 없다. 오히려 더 큰 문제를 일으킨다.

직원 : 고객이 메일에 회신도 없고 전화도 받지 않습니다. 일을 진행할 수가 없어요.

상사 : 그래요? 어떤 식으로 연락을 했나요? 처음에 연락한 게 언제죠?

직원 : 한 달 전입니다. 어제 메일도 보냈고요. 메일은 이미 네 번이나 전송했습니다.

상사 : 메일에는 뭐라고 썼나요? 메일을 보내고 난 뒤에는 어떻게 했죠?

직원 : 어제부터 전화를 걸었는데 소용없었습니다.

상사 : OO 씨가 말하는 소용 없다는 게 무슨 뜻이죠?

3. 선입견을 버리고 상대의 의도를 파악한다. 다음 대화에 존재하는 리스크는 무엇일까?

상사 : 요즘 무슨 일 있나요? 기분이 안 좋아 보이네요.

직원 : 고과에서 B를 받았는데 이해가 잘 안 됩니다.

상사 : 왜 이해가 안 되죠? 예상보다 잘 안 나왔나요?

직원 : 모든 방면에서 최선을 다해 잘했다고 생각하거든요. 잘못을 저지른 것도 없고요. 그런데 왜 B를 받았는지 모르겠습니다.

상사 : OO 씨의 업무 능력은 확실히 뛰어나죠. 최근 6개월의 모든 프로젝트도 아무 탈없이 완수했지요. 하지만 혁신과 개선 방면에서는 다소 취약하더군요. 그 부분에 대해 생각해본 적은

있나요?

직원 : 네. 팀장님이 그렇게 말씀하시니까 저도 할 말이 없네요.

상사 : 자신의 약점을 발견했으면 고치면 되지요. OO 씨는 능력 있는 사람이니까 잘해낼 수 있을 겁니다.

우리는 자신의 소통이 매우 이상적이라고 생각한다. 상대가 대화를 표면적 인정하는 듯하면 만족스러워진다. 하지만 이후에 전개되는 상황을 겪으며 전혀 그렇지 않다는 사실을 알게 된다. 왜 이런 문제가 일어날까? 타인의 생각과 입장, 동기를 지레짐작하여 대화를 진행하기 때문이다. 질문과 의견제시도 여기에 맞춘다. 하지만 상대는 해명하기 어렵거나 난처한 원인이 있을 수 있다. 들을 준비가 안 된 상대에게 이를 털어놓겠는가. 진심으로 대화할 수 없기 때문에 서둘러 대화를 끝내고 진짜 속마음을 털어놓지 않는 것이다.

상사 : 요즘 무슨 일 있나요? 기분이 안 좋아 보이네요.

직원 : 고과에서 B를 받았는데 이해가 잘 안 됩니다.

상사 : 왜 이해가 안 되죠? 예상보다 잘 안 나왔나요?

직원 : 모든 방면에서 최선을 다해 잘했다고 생각하거든요. 잘못을 저지른 것도 없고요. 그런데 왜 B를 받았는지 모르겠습니다.

상사 : OO 씨가 가장 잘했다고 생각하는 부분을 예를 들어 말해볼 수 있나요? OO 씨는 고과 결과가 어때야 한다고 생각하죠?

◆ 진짜 고수는 답을 주지 않는다

좋은 상사, 좋은 상담사, 현명한 엄마는 팀원이나 고객, 자녀에게 쉽게 답을 주지 않는다. 효과적인 질문으로 상대의 생각을 끌어내고 함께 답을 찾아간다. 만일 누군가 당신에게 도움을 요청한다면 다음과 같은 방법으로 질문한 다음 그와 함께 답을 탐색해보도록 하자.

자원을 탐색하는 질문

"목표를 완수(문제를 해결)하는 데 어떤 자원이 필요할까요?"

"지금 가지고 있는 자원이 뭐죠?"

"그 자원은 어디서 찾을 수 있을까요?"

"반드시 도움을 받아야 한다면 누구에게 얘기할까요?"

"나만의 장점이나 특기를 발휘해야 한다면 어떻게 하면 될까요?"

"어떤 행동이 요구된다면 어떻게 하면 좋을까요?"

다른 사람은 어떻게 할지 생각해보기

"다른 동료는 이 일을 어떻게 처리하는가?"

"해외 동종업계는 어떻게 하는가?"

"담당자가 바뀌면 그는 어떻게 대응할까?"

"현재 비슷한 일을 하는 사람은 누구인가? 그들은 어떻게 성공(실패)했는가?"

"고대 시대의 사람들은 어떻게 했을까?"

"미래의 사람들은 어떻게 할까?"

시각을 바꿔서 생각해보기

"내가 상사라면 어떻게 했을까?"

"내가 엄마라면 어떻게 했을까?"

"내가 고객이라면 어떻게 했을까?"

"만일 모든 한계를 다 지웠다면 나는 어떻게 했을까?"

끊임없이 자신에게 좋은 질문을 던지기 바란다. 대화의 고수는 상대가 자신을 위해 가장 훌륭한 결정을 내릴 수 있다고 믿는다.

'세 가지 파악법' 실전 연습 노트

일상에서 문제 해결을 위해 나누는 대화를 떠올려보자. 앞서 소개한 '세 가지 파악법'을 활용해 효과적이었다고 생각되는 질문을 적어보자.

원인을 파악하는 질문 :

문제를 파악하는 질문 :

의도를 파악하는 질문 :

실전 3 · 감정을 이야기하는 사람

환영받는
이야기꾼이 되는 법

이야기에는 감성이 있어야 한다. 진정으로 이야기를 잘하는 사람은 어떤 방식의 전달이 상대방 마음을 편안하게 만드는지 알고 있다. 당신이 사랑스러운 사람인지 아닌지를 판단할 때도 감성에서 느껴진다.

좋은 감정이 좋은 이미지를 남긴다

◆ 호감 가는 사람의 미래

부드러운 미소를 보면 덩달아 기분이 좋아진다. 즐거운 무리에 들어가면 더불어 즐겁고 유쾌해진다. 누군가 당신과 대화를 나눈 후 충분히 이해받았다는 생각이 들면 당신과 더 가까워지고 싶어 한다. 불편한 사람과 함께 있고 싶은 사람은 없다. 긍정적인 정서는 우호적인 분위기와 편안한 느낌을 만들어내는데 이는 건강한 인간관계의 핵심이다.

◆ 편도체의 기억

매우 중요하고 인상 깊은 기억은 우리의 대뇌 편도체에 저장된다. '감정+이미지'의 형식으로 감정 데이터베이스를 형성하는 것이다. 대화를 나눌 때 즐거운 감정을 경험하면 그 사람과 함께했던 장면과 이미지를 기억하게 된다. 이후에도 그것과 유사한 이야기를 선택하고 찾으며 행복을 잡으려 한다. 같은 이치를 적용하면 대화 중 불편했던 기억은 불쾌한 감정으로 남아 그 사람과 거리를 유지하라고 계속 일깨운다.

말에 시달렸던 날들

◆ 들어줄 상대가 필요하다

어느 날 오후, S는 답답하고 짜증이 났다. 그녀는 친구가 모인 단체채팅방에 하소연을 했다.

"보고서를 써야 하는데 생각이 안 나. 상사는 계속 핀잔만 주고. 진짜 일하기 싫다. 어쩌지?"

그러자 눈 깜짝할 사이에 친구들로부터 속속 답장이 오기 시작했다.

“뭐야. 또 농땡이야? 요즘은 뭐 때문에 그렇게 바쁜데?”

“얼마나 남았는데?”

“ㅋㅋ 그럼 좀 쉬었다가 해.”

“너, 이 영화 봤어?”

“네가 요즘 키운다던 화초에 꽃은 피었어?”

“ㅋㅋ 힘내. 넌 똑똑하니까 조금만 더 집중하면 금방 끝날 거야.”

그렇게 친구들과 메시지를 나누다 보니 기분이 좋아졌다. 그녀는 다시 힘을 내 보고서 화면을 켰다. 그때 또다시 메시지 알림이 떴다.

“보고서는 맨날 수정하는데 보고서보다 시장 변화가 더 빠른 거 알지?”

“야, 지금이 어느 시대인데 아직도 상사 눈치 보면서 일하냐?”

“세상 모든 상사는 다 똑같아. 일할 때는 열심히 부려 먹고 돈은 그만큼 안 주잖아.”

“맞아. 나도 그런 상사 만나본 적 있어.”

“너희 회사는 그나마 나은 거야. 우리 회사는 엉망이야. 지금 경제도 안 좋은데….”

친구들은 대화를 나눌수록 감정이 격해지는 듯했다. S는 돌연 마음이 무거워져 보고서 쓰기가 싫어졌다.

뒤이어 친구들은 S를 생각하는 마음에 이런저런 충고를 쏟아냈다.

"왜 하기 싫은데?"

"그런 마음 버려. 노력 없이 어떻게 성공하려고 해."

"사실 상사의 인정도 우리가 노력해서 얻어내야 하는 거야. 안 그래?"

"나도 그런 적 있어. 그럴 때는 상사랑 대화를 해보는 게 어때? 사실 상사가 핀잔을 주는 건 우리 상황을 잘 몰라서 그럴 때가 많더라고. 그렇지 않아?"

친구들의 조언은 끝이 없었다. 그럴수록 S의 마음은 한없이 답답해졌다. 스스로 이런 상황에 지쳐 "다들 고마워! 난 일하러 가볼게. 안녕!"이라고 답장을 보냈다. 하지만 그렇다고 그들을 친구목록에서 차단하진 못했다.

만일 당신이 S라면 누구와 대화를 나누고 싶겠는가? 사실 친구의 우울은 당신이 생각하는 것처럼 심각하지 않을 수 있다. 당신에게 "어떡하지?"라고 물어오는 사람이라고 진짜 해결책을 원하는 건 아니다. 그저 자신의 마음을 털어놓고 싶은 상대가 필요한 것뿐이다. 그러므로 해결 방법을 모색하기 위해 애쓰지 않아도 된다. "그렇구나. 힘들겠다."라는 공감 한마디면 충분할 때도 있다.

◆ 누군가 봐주기를 바란다

차를 마시려고 사람들이 모였다. 그 사이에서 G가 흥분한 목소리로 말했다.

"제가 주말에 해외 유명 강사의 강의를 직접 들었어요. OO 테크닉이 국내에서 처음으로 주관한 행사였거든요. 유명한 사람들도 많이 왔는데 이거 보세요. 그 사람들이랑 찍은 사진이에요. 어때요?"

이 상황에 처해 있다면 어떻게 반응하겠는가?

A : 와! 대단하네요. 이 사람 혹시 OO 아니에요?

B : 이런 유명인들은 그냥 형식적으로 참석만 하고 가는 거 아닌가요? 이런 행사는 요즘 널렸잖아요.

C : 이런 행사들이 너무 많은 것 같아요. 저도 전에 어떤 행사에 참여했는데 이것보다 훨씬 규모가 컸어요. 그날 강의한 강사는 비서만 20명이 넘더라니까요! 그날 VIP석에서 강의를 들었었는데 강의 내용을 녹음해왔거든요. 다음에 들려드릴게요.

D : (자세히 사진을 들여다본 뒤) 혹시 그날 강의 내용은 구체적으로

뭐였어요?

이런 상황에서 당신은 어떤 유형에 가까운가? 습관적으로 다른 사람을 칭찬하는 편인가? 아니면 트집을 잡고 문제를 찾아내는 편인가? 자랑하는 꼴이 보기 싫어서 내가 너보다 더 훌륭하다는 식으로 대응하는가? 상대와 같은 주파수에 관심사를 모아주는 편인가?

누구든지 특별한 일을 경험했다면 사람들이 자신에게 주목해주길 바란다. 거기에 호응해준다고 당신이 손해 볼 일은 없다.

◆ 해결책을 원하는 게 아니다

베이징에서 광저우로 향하는 비행기 안에서 한 여인이 노트북을 켰다. 그런데 갑자기 화면이 꺼져버렸다. 조급해진 그녀는 중요한 자료와 파일들을 어떻게 복원해야 할지 몰라 우왕좌왕하다가 다급히 옆에 앉은 남성에게 물었다.

"저기요, 죄송하지만 이것 좀 봐주시겠어요?"

남성은 여성의 노트북 상태를 한 번 훑어보고는 자신의 노트북을 타닥거리며 대답했다.

"시스템 문제네요."

"아, 시스템이요."

작은 문제가 아니라고 느낀 그녀가 다시 조심스레 물었다.

"데이터 복원이 가능할까요?"

남성은 고개도 돌리지 않고 무심하게 대답했다.

"데이터를 어디에 저장했는지에 따라 다르죠."

그녀는 울먹이며 말했다.

"제가 방금 논문을 다 완성하고 바탕화면에 저장했거든요. 복사본이 없어요."

"그럼 안 되겠네요."

"아…. 그럼 어떡하면 좋을까요?"

여자는 잔뜩 풀이 죽은 목소리로 말했다. 건드리기라도 하면 눈물이 터져 나올 것 같은 얼굴이었다. 남성은 하던 일을 멈추고 그녀에게 말했다.

"조바심 내도 소용없어요. 비행기에서 내리면 서비스센터에 가서 수리해보세요. 어쨌든 지금은 방법이 없어요. 더 만지지 말고 가방에 넣어요."

그녀는 전원을 끄고 노트북을 닫았다. 몇 날 며칠 밤을 새워 쓴 논문이 눈앞에서 사라졌다. 게다가 광저우에 도착해 연구 발표도 해야 하지만 현재는 아무런 방법이 없었다. 그 생각을 하자 눈물이 흘러내렸다. 그 모습에 난처해진 남성은 황급히 그녀를 위로했다.

"울어도 소용없어요. 지금은 고칠 방법이 없다니까요."

이 남성은 정말 대화를 나눌 줄 모른다. 지금 상황에서는 효과적인 해결책이 아니라 감정적인 이해와 지지가 필요할 뿐이다.

◆ 행복을 나누려는 사람들

이제 연애를 시작한 친한 친구가 밤늦게 당신에게 전화를 걸었다.

"아직 잘 시간은 아닌 거지? 저기… 나 연애한다."

전화를 받은 당신, 어떻게 반응해줄 것인가?

전형적인 반응 1

"야, 잘됐다!"

"어디 사람인데?"

"뭐 하는 사람이야?"

"자기 집은 있대?"

"수입은 얼마래?"

"전 남친이랑 비교해서 누가 더 잘생겼어?"

이는 호구 조사용 질문이다. 이렇게 분위기 망치는 질문을 하는 친구가 있을까?

전형적인 반응 2

"진짜? 연애하기로 했구나!"

"너희 회사 고객이야? 몇 살인데?"

"너 또 사기당하면 안 된다!"

"친구 모임에서 알게 된 거야? 알고 지낸 지 얼마나 됐는데?"

"네가 걱정되니까 그렇지. 믿는 도끼에 발등 찍히지 말고."

누군가 당신을 찾아와 마음을 털어놓는 건 자신의 감정을 공유하고 싶기 때문이다. 그러니 당신은 가만히 들어주기만 하면 된다. 꼬치꼬치 캐묻지 말고 걱정할 필요도 없다. 대화 도중에 상대가 무심코 "넌 어떻게 생각해?"라고 묻더라도 그건 당신의 의견을 구하는 말이 아니다. 자기감정에 동의해달라는 말이다. 이 점을 명심하기 바란다.

즐겁게 대화하는 법

◆ 선생님이 아닌 거울이 되자

전문적인 상담사가 아니라면, 특정 영역에서 알아주는 전문가가 아니라면, 사람들에게 존경받는 연장자가 아니라면, 정말 믿을만한 상사가 아니라면, 누군가의 절친한 친구가 아니라면 상대를 가르치려 들거나 함부로 조언하지 말자.

훌륭한 대화 상대는 지시하거나 조언하지 않는다. 그저 거울처럼 조용히 상대의 모습을 비춰줄 뿐이다. 상대가 기뻐하면 똑같이 기뻐하고 상대가 슬퍼하면 똑같이 슬퍼해주는 것이다. 상대가 인정을 바라면 따듯한 눈빛을 보내주고 이야기를 나누고자 하면 허심탄회하게 대화를 나누는 사람이 정말 좋은 대화 상대이다.

◆ 마음을 다해 들어주고 공감하라

초등학교 과학 시간에 여러 개의 소리굽쇠를 줄지어 세워놓고 그중 하나를 두들기면 얼마 지나지 않아 다른 소리굽쇠에서도 똑같은 소리가 퍼지는 실험을 했다. 소리굽쇠들은 공명을 일으켜 갈수록 소리가 커졌다. 음파의 파장에서 비롯된 작용이다.

음파는 눈에 보이지 않고 손으로 만져지지 않지만 실제로 존재한다. 감정 역시 마찬가지다. 감정은 언제 어디서나 존재하며 무의식중에 발현된다. 보이지 않고 만질 수 없지만 서로 다른 주파수의 에너지로 구성되어 상대에게 거대한 영향을 준다. 감정의 공감대는 언어적 기술이나 그 어떤 행동보다 훨씬 더 깊은 울

림을 선물한다.

밀도 있는 경청과 내면에서 우러나오는 이해, 비슷한 경험이나 신앙은 모두 강력한 공명을 가진다. 훌륭한 대화는 공명을 유도하는 매개체이다.

◆ 감정으로 사람의 마음을 사로잡아라

소통의 고수는 타인과 공감대를 형성해 상대의 마음을 사로잡는다. 코끝을 시큰하게 하는 광고나 가슴 뛰게 하는 스피치, 깊은 감동을 주는 노래도 모두 사람들의 감성을 건드리며 자신들이 유도하는 대로 원하는 만큼 감정을 조정한다.

대화할 때는 상대의 관심사를 주제로 말하는 것이 중요하다. 상대의 내면에 간직된 이야기를 털어놓을 수 있다면 그만큼 신뢰와 유대가 쌓였다고 보면 된다. 이를 위해 사람의 감정에 대한 깊은 이해가 필요하다. 자신의 감성 지수를 높이는 것도 잊어서는 안 된다. 영향력과 리더십을 갖춘 사람과는 어떤 대화를 나눠야 하겠는가. 상대에 따라 감성과 감정을 조절하고 상대의 관심과 열정을 환기하는 주제를 선택해야 한다.

언어와 정서적 반응 실전 연습 노트

사람들과 대화를 나눌 때 어떤 화제가 다음과 같은 정서를 불러오는지 살펴보자.

정서적 반응	어떤 화제가 해당 정서를 불러오는가
기쁨	
분노	
슬픔	
염려	

실전 4 · 고집스러운 사람을 만났을 때

부드러움으로 다스려라

밀어붙일 힘이 있다면 밀어붙여라. 변화시킬 용기가 있다면 변화시키되 이 둘을 분별할 지혜가 있어야 한다.

등산대원 한 명이 칠흑같이 어두운 겨울밤 산 정상에 도전했다. 불행히도 그는 발을 잘못 디디는 바람에 산 아래로 추락하고 말았다. 다행히 추락의 과정에서 그의 몸에 있던 와이어가 나무에 걸려 공중에 매달린 상태가 되었다. 깊은 밤이어서 위로 올라갈 수도, 밑으로 내려갈 수도 없었다. 손가락을 펼쳐보아도 보이지 않을 정도로 어두웠던 탓에 자신의 위치가 어디쯤인지 알 수 없었다. 그는 생사의 갈림길에 서 있었다. 줄을 끊지 않으면 그대로 동사할 운명이었다. 줄을 끊는다면 깊이를 헤아릴 수 없는 천 길 낭떠러지로 떨어져 죽을 것이다.

그는 하나님께 기도했다.

"하나님, 제발 살려주세요."

그때 어디선가 목소리가 들려왔다.

"아들아, 네가 나를 신뢰하느냐?"

그가 다급히 대답했다.

"예! 그럼요. 당연하죠!"

"그럼 그 줄을 끊어버리도록 해라."

만일 당신이라면 어떻게 하겠는가?

사람은 자신이 알지 못하는 것에 엄청난 두려움을 느낀다. 등산대원은 나무에 매달린 채 있다면 동사하더라도 당장은 살아있지만, 줄을 끊는 순간 천 길 낭떠러지로 떨어져 죽을 거라는 두려움에 떨었다. 그는 결국 줄을 끊지 못했다.

이튿날, 구조대원들이 그의 시신을 발견했다. 그는 지면으로부터 불과 2m도 채 떨어지지 않은 높이에 동사해 있었다. 그의 두 손은 '생명의 동아줄'을 꼭 붙든 상태였다.

◆ 원칙에 갇힌 사람들

완벽주의자들은 자신과 타인, 일과 생활에 대한 기준이 굉장히 높다. '반드시', '분명히', '꼭' 등의 말을 입에 달고 살며 치밀하게 계획하고 실행하려 한다. 모든 일에서 원리 원칙을 따지고 일의 결과보다는 맞고 틀림에 주목한다. "이 일에 관해 반드시 정확히 얘기해야 해.", "원칙이 있어야만 해.", "규칙에 따라 처리하자.", "이 일은 상의한 적이 없잖아." 등과 같은 말은 그들이 자주 사용하는 표현이다.

주변에 이런 사람이 있으면 일을 진행할 때 안심이 되지만 힘든 점도 있다. 모든 일마다 항상 시시비비를 따지기 때문이다. 융통성이 부족하고 대화할 때는 언제나 긴장감을 조성한다. 그들에게 원칙은 생명의 동아줄과 마찬가지다.

◆ 끝까지 밀어붙이는 사람들

다른 사람의 권고를 새겨듣지 않으며 상대의 감정이나 상황에 신경 쓰지 않는 사람들이다. 일단 어떤 생각이나 원리에 꽂히면 그 일이 마무리되는 순간까지 강력하게 밀어붙인다.

이렇게 밀어붙이는 사람이 필요한 곳은 새로운 기술이나 제품을 개발하는 기업이다. 이제 막 창업한 곳에서는 혁신적인 프로젝트가 진행되므로 밀어붙이는 사람이 있어야 성공을 기대할 수 있다. 하지만 개인의 고집이 소통이나 관계에 적용되면 결과는 오히려 악화된다. 자기 의견에 타협과 조율을 적용하지 않기 때문이다. 그들에겐 하나의 생각이나 원칙이 또 다른 '생명의 동아줄'과도 같다.

◆ 죽어도 말하지 않는 사람들

뭘 물어보면 "다 괜찮아요.", "다 좋아요."라고 말하는 것은 최악의 소통법이다. 이렇듯 답답한 고집불통들은 자기감정과 생각을 숨긴 채 무슨 대화를 나누든 그저 고개만 끄덕인다. 그러나 막상 일을 시작하면 자기의 생각과 방법 대로만 움직인다. 설사 자신을 번거롭고 불편하게 만드는 일일지라도 그걸 감내한다. 그들의 진심은 어쩌면 또 하나의 '생명의 동아줄'일지 모른다.

황소고집은 왜 그렇게 되었을까

◆ 고집은 해결되지 않은 내면의 상처

혼기가 꽉 찬 K가 있다. 그의 어머니에겐 누구에게도 양보 못할 원칙이 하나 있었다. 이혼 가정에서 자란 여성과는 절대로 결혼시키지 않겠다는 것이다. 이혼 가정에서 자란 사람은 성격에 문제가 있다고 여겼다. 부모의 이혼이 자녀에게 영향을 미치기도 하지만 그렇다고 꼭 나쁘게만 작용하는 것은 아니다. 그런데도 어머니는 아주 강경하게 그것을 아들의 배우자 기준으로 삼았다. 그 때문에 K도 번번이 좋은 기회를 놓치는 경우가 많았다.

한번은 성격은 물론이고 모든 면에서 정말 마음에 드는 여성을 만났다. 그런데 그녀는 이혼 가정의 딸이었다. 그녀의 부모는 이혼 후 각자의 가정을 이뤄 생활하지만 서로 좋은 관계를 유지하고 있었다. 하지만 K의 어머니는 그녀를 만나볼 생각조차 하지 않았다. K는 어떻게든 어머니의 마음을 돌려보려 노력했지만, 그에게 돌아온 대답은 죽어도 안 된다는 대답뿐이었다.

사실 K의 어머니는 어린 시절 부모님이 이혼하는 과정에서 많은 상처를 받은 경험이 있었다. 그 일로 주변에서 곱지 않은 시선을 받으면서 자라 마음에 늘 그늘이 드리워져 있었다. 게다가 남편과도 사이가 좋지 않았는데 K를 위해 이혼만은 안 된다며 결혼생활을 유지하고 있었던 것이다. 그러니 이혼 문제는 어머니 마음의 병이었다.

고집이 센 사람은 언뜻 보면 매우 이성적인 것 같다. 항상 원리와 원칙을 근거로 얘기한다. 늘 정의와 옳은 일을 외치는 그들은 자신이 옳다는 것을 증명하기 위해 노력하지만, 반대의 경우에는 눈길조차 주지 않는다. 이 문제의 원인을 들여다보면 대부분 그 부분에서 아픔과 상처를 안고 있음을 알게 된다. 그러므로 완고하고 완강하게 거부하는 반응은 타인에게 위협과 상처를 받지 않기 위해 자신을 보호하려는 자기방어이다.

마음이 넓고 이해심이 많은 사람은 언제나 상대를 편안하게 한다. 벼가 바람에 흔들려도 멈추지 않고 익어가듯, 강물이 바람에 일렁이며 멈추지 않고 바다를 향해 흘러가듯 그들은 변화에 융통성 있게 대응한다. 하지만 황소고집들은 그렇게 하지 못한다. 그들은 감정에 북받쳐 자기 생각과 의견을 끝까지 고집한다.

◆ 융통성 없는 사람들

남편 때문에 고민이 많은 여성이 상담실을 찾았다. 그녀는 남편이 왜 옳은 일을 받아들이지 않는지, 조목조목 이유를 들어 설명해줘도 효과가 없다며 답답해했다. 감정이 다소 격해진 그녀가 상담사에게 물었다.

"선생님, 선생님은 흡연이 옳다고 생각하세요?"

"흡연이 몸에 해로운 건 사실이죠."

"거봐요! 그럼 제가 하는 말이 맞는 거잖아요."

상담사는 아무런 말을 하지 않았다.

“그런데 왜 남편은 담배를 끊지 않을까요?”

상담사는 말없이 웃음을 내보였다. 그러자 그녀는 더 화가 나서 말했다.

“그 사람은 대체 왜 맞는 일을 안 하는지 모르겠어요.”

“남편분에게 그렇게 말씀하시면 효과가 있던가요?”

“아니요. 그래서 모르겠다는 거예요. 대체 왜 잘못된 걸 알면서 하느냐고요!”

고집이 센 사람은 언제나 옳은 이유와 근거를 들어 말한다. 그 근거에는 다음과 같은 특징이 있다.

- 그들은 종종 흑백논리, 절대화된 생각을 주장한다.
- 옳고 그름에 집중하고 증거를 들어 설명한다. 상대가 어떤 마음인지, 다른 사람도 본인의 생각에 동의하는지에는 관심이 없다.
- 부분적인 것에 집착한다. 전체적인 상황을 놓치고 사람들에게 쉽게 꼬리표를 붙인다.
- 결과를 확대화한다. 실수를 하나만 저질러도 그걸 확대해 해석한다. 전형적인 예로 상사에게 혼이 나면 이제 일자리를 잃었다고 생각한다.
- 과거의 일을 계속해서 마음에 담아둔다. 다른 사람은 이미 잊은 일

을 혼자서만 마음에 품고 있다.

- 과거의 생각과 관념을 고집하며 시대의 변화에 순응하지 못한다.

이러한 편집적 고집을 심리학에서는 '비이성적 신념'이라 한다. 이것이 자신이 융통성과 창의력을 포박해 환경에 적응하지 못하게 만든다. 그로 인해 주변 사람과 소통하지 못하고 관계에도 마찰과 불화를 일으킨다.

다음 문항을 읽어보고 당신이 가진 고집불통의 모습을 점검해 보자.

- 일할 때 꼭 다른 사람의 인정을 받아야만 한다.
- 실적이 좋으면(업무 능력이 탁월하면) 반드시 진급해야 한다.
- 일이 잘못되면 그에 맞는 질책과 벌을 받아야 한다.
- 일 처리를 잘하지 못하면 반드시 해고될 것이다.
- 상사는 나보다 능력이 뛰어나야 한다(전문가는 절대적으로 옳아야 한다).
- 이 문제를 해결하지 못하면 회사는 성장하지 못할 것이다(하지만 이 일은 해결할 수 없을 것이다).
- 타인은 나의 주장을 받아들일 의무가 있다.

- 모든 일에는 옳고 그름이 존재한다. 마찬가지로 모든 문제에는 반드시 답이 있다.
- 노력하면 반드시 보상이 있다.
- 제도는 반드시 모든 사람에게 공평해야 한다.

목표는 없고 원칙만 있는 사람들

총무팀 Z 팀장은 고집불통 스타일이다. 그는 직원들의 출퇴근과 회사의 창고 관리를 담당했는데 원칙을 매우 중시해서 모든 일에 예외가 없기로 유명했다. 하루는 기술팀의 제품 개발에 문제가 생겨 비상이 걸렸다. 팀원 전체가 야근해야 하는 상황에서 기술팀 팀장이 저녁 식사는 배달시켜 먹자고 했다. 일의 흐름을 끊고 싶지 않았던 직원들도 동의하며 오늘 안으로 문제를 해결하자는 쪽으로 의견을 모으고 서로를 다독였다.

이때 갑자기 Z 팀장 특유의 고집이 등장했다. 그는 회사 사무실은 통풍이 잘 안 되므로 바람이나 쐴 겸 밖에 나가서 저녁을 먹자고 했다. 사무실에서 밥을 먹는 것은 회사 규정에 어긋나므로 식사는 반드시 밖에 나가서 하거나 탕비실에서 먹어야 한다고 주장했다. 기술팀 팀장이 그와 대화를 시도했다.

"오늘은 좀 특수상황이고, 지금 밖에 나가도 문을 연 식당이 없을 겁니다. 그럼 일도 제시간 안에 마치지 못할 거 같고요. 오늘 한 번만 좀 봐주세요."

"그러고 싶지만 저도 회사의 지시에 따라 규정을 집행하는 사람에 불과해요. 어쨌든 배달 음식은 안 됩니다."

고집불통들은 결과와 관계에는 관심이 전혀 없다. 오로지 원칙에 집중한다. 인간미 없는 그들은 종종 원망과 질타의 대상이 되곤 한다. 그로 인해 일을 망치거나 구성원의 사기가 떨어지기 일쑤다.

부드러움으로 고집을 꺾는 기술

만일 독불장군과 대화를 해야 한다면 상대가 변하기를 바라는 희망은 버리자. 계속적으로 의견을 충돌하면서 시비를 가려내려고 접근한다면 당신 역시 고집불통으로 변할 수 있다.

◆ 1단계 : 편안한 분위기를 만들자

고집불통들은 오랫동안 자기만의 신념을 지키며 살아왔다. 감정적으로 단절되어 있거나 실수나 판단 착오에 대한 두려움을 안고 있는 경우가 많다. 그들을 잘 관찰해보면 표정이 단조롭고 동작도 매우 딱딱하다. 어딘지 모르게 행동이 자연스럽지 못하다. 그들의 긴장된 정서는 생각에 집중하게 만들어 자기주장을 더 확고하게 견지하도록 유도한다.

서로를 존중하며 즐겁고 유쾌한 분위기를 조성하는 것은 고집불통과 원활하게 소통을 이어가는 핵심이다. 긍정적인 정서는 마음을 풀고 생각에 융통성을 더해 시야를 넓혀준다. 더 많은 가능성을 보게 하는 것이다. 그러므로 먼저 가벼운 주제로 화두를 시작하며 상대의 마음을 편안하게 만들자.

◆ 2단계 : 터닝포인트를 기다리자

마음이 편해지면 여러 변화가 생긴다.

- 소통의 분위기가 호전되며 먼저 유머를 건네기도 한다.
- 서로를 인정하는 말을 하기도 한다.
- 말이 많아지고 더 많은 생각을 나누고자 한다.
- 전과는 다소 다른 표현을 한다. 예를 들어 "이 일은 절대 안 됩니다."라고 했던 말을 "세상에 어디 절대적이라는 게 있나요."라고 말한다.
- 편안한 자세를 취하거나 방어태세를 푸는 등 조금 전과는 완전히 다른 모습을 보인다.

◆ 3단계 : 목표를 찾자

몸과 마음이 편안해졌다면 이제 대화 목적을 찾아가자. 서로가 이 대화에서 원하는 결과가 무엇인지, 그가 한 말 중에 어떤 부분을 당신이 인정하는지 명확할수록 좋다. 고집불통인 상대를 바꾸려는 게 아니다. 공동의 목표를 설정하고 이를 위해 상대의 지지와 도움이 필요하다는 사실을 진정성 있게 전달하면 된다.

고집 꺾기 실전 연습 노트

몸이 아픈데도 절대 연차를 내지 않겠다는 원칙을 고수했다가 정말 힘들었던 경험이 있는가? 그동안 가졌던 신념에서 벗어나 조금 다른 행동을 취했을 때 어떤 변화가 일어날지 상상해보자.

내가 고수하던 원칙은?

내가 취한 새로운 방법은?

내게 일어난 변화는?

내가 느낀 점은?

실전 5 • 비호감의 사람들과 소통하기

대화에 긍정 에너지를 더하라

사람들이 싫어하는 대화 방식을 고집하지 마라. 당신에 대한 편견을 심어주는 가장 빠른 길이다. 계속되는 대화에서 사람들은 '그러려니' 생각하고 당신의 말에 귀 기울이지 않는다. 그런 당신의 대화 방식을 싫어하는 사람들은 당신 곁을 미련 없이 떠난다.

미국 세인트폴 메디컬센터에서 200명의 남녀를 대상으로 '통곡痛哭 실험'을 진행했다. 그 결과 85%의 여성과 73%의 남성은 한바탕 울고 나면 심리적으로 한층 편안해진다고 답했다. 우울감 지수 조사 역시 평균 40% 정도 줄어든 것으로 밝혀졌다. 전문가들은 사람이 울 때 나오는 눈물의 성분을 분석해보았다. 비통하고 슬픈 정서가 있는 눈물에서 류신leucine(α-아미노산이며 단백질을 이루는 아미노산)과 프로락틴prolactin(뇌하수체 전엽의 산호성 세포에서 분비되는 유즙 분비 자극 호르몬)과 같은 성분이 검출되었다. 이 물질은 인체에 나쁜 영향을 끼치지만 통곡하면서 체외로 배출되어 심리적인 압박도 줄어든다는 것이다. 하지만 순수하게 생리 작용으로 나오는 눈물에는 이러한 물질이 발견되지 않았다.

부정적인 정서에는 이처럼 '살상력'이 함유되어 있다. 대화를 차단하고 가로막는 사람들도 마찬가지다. 부정적인 정서를 내뿜어 늘 기피 대상이 되고 인정과 대우를 받지 못하는 사람으로 분류된다.

나는 어떤 종류의 사람일까

어느 누구든 부정적 정서를 전파하는 존재가 되어서는 안 된다. 이를 위해 먼저 어떠한 행동이 다른 이들을 화나게 하는지 알아보자.

◆ 가시 돋친 말을 쏟아내는 '냉혈한'

까칠하게 말하는 냉혈한은 촌철살인 화법을 좋아한다. 직언을 일삼아 상대를 난처하게 만드는데 선수이다. 부드러운 목소리로 일침을 가하거나 입에 칼을 물고 들이대며 상대의 마음에 상처를 남긴다.

그들은 모든 일에 "당신 생각은 어떤데요?"와 같은 반문을 사용한다. 눈에 거슬리는 일이나 사람에게 때와 장소를 가리지 않고 일침을 가한다. 언제나 대의와 명분을 따지는데 자신을 불태우는 것이다. 그들은 상대에게 여지를 주지 않으며 연민이나 긍휼함이라는 단어 자체를 모른다.

◆ 지시적으로 말하는 '교도관'

무표정한 얼굴로 감정을 드러내지 않는 사람을 말한다. 그들은 객관적 관점을 유지하며 규칙과 규율을 중요하게 여긴다. 이분법적 사고로 문제를 처리하며 맞고 틀림, 흑 아니면 백으로 결정짓는다. 이들에겐 중간 지대가 없다. 더 큰 문제 요인은 그들이 제시하는 규칙과 옳고 그름이 사회적 법률이나 법규, 규칙이나 제도가 아니라 본인이 고수하는 '신념'이라는 점이다. 오로지 이것만이 정답이라는 듯 강제한다. 누군가를 위하거나 상대의 상황을 고려함이 아니며 일의 효율을 올리기 위해서도 아니다. 본인만의 규칙대로 행하지 않으면 자신이 고통스럽기 때문이다. 그런데도 언제나 '다 너를 위해서'라는 명분으로 자기 생각을 강요한다.

◆ 유언비어를 퍼뜨리는 악의적 '유포자'

나쁜 소문을 만들어내는 사람은 걱정과 염려를 즐긴다. 상대가 일자리를 찾지 못하면 어두운 미래를 걱정하고, 상사와의 관계가 좋지 않거나 진급하지 못하면 일자리를 옮겨야 하는 것 아닌가 고민한다. 진급하면 일이 너무 많아져 힘들겠다고 걱정하며, 회사를 그만두고 창업하면 시장의 환경이 좋지 않다고 걱정한다. 그리고 창업이 성공을 거두면 가정이 화목하지 못할지 모른다고 염려한다. 어떻게든 걱정과 우려를 만들어낸다. 모든 일이 그들의 관심사이고 유언비어의 소재가 되는 것이다.

유언비어를 퍼뜨리는 사람 가운데 특히 주력군은 원망을 일삼는 이들이다. 그들은 적극적으로 경쟁하지 않고 몸소 부딪히지 않으면서 실패의 원인을 외부 탓으로 돌린다. 심지어 온갖 양념을 첨가해 나쁜 소문을 창출해낸다. 그들은 세상을 긍정적인 눈과 태도로 바라보지 못하기 때문인데 자신이 만들어낸 어두운 면을 굳이 남들과 공유하려 애쓴다.

◆ 듣기 좋은 말만 일삼는 '아첨꾼'

어떤 단체든 예의 바르고 말 잘하는 사람이 있다. 그들은 구성원의 장점을 발견하면 칭찬해준다. 하지만 아무리 좋은 말도 계속 들으면 진의가 의심스러워진다. 칭찬이 반복되면 될수록 사람들은 아첨으로 받아들인다. 사람들의 환심을 사려고 좋은 말만 하다 보면 어느 순간 접대성 인사로 변한다. 결국, 그는 신뢰를 잃어버린다.

◆ 승리욕에 불타오르는 '승부사'

어디에서든 자신이 가장 돋보여야 하는 사람이 있다. 자신을 드러내고 싶어 하는 사람들이다. 그들은 경쟁에서 승리를 쟁취해 우위를 선점하는 걸 좋아한다. 굉장히 멋진 사람처럼 보이지만 함께하는 시간이 오래될수록 존경심을 잃는다. 언제나 상대를 배려하지 않고 자신을 내세우기 때문이다. 승리를 갈망하는 대신 인간미를 잃는다.

◆ 남들을 구원하고자 하는 '구원자'

구원자들은 자신의 신분이나 지위, 조건을 따지지 않고 남들에게 구원의 손길을 내민다. 모임 식사 자리에서 꼭 자신이 계산하고, 다른 사람의 갈등을 본인이 나서서 중재한다. 오랫동안 못 봤던 친구가 가족을 보러 고향에 오면 상대가 원하든 원하지 않든 자신이 배웅을 나간다. 그 일을 자신이 해야 하는지 아닌지를 확인하지 않은 채로 계속한다. 끊임없이 자기를 희생하며 본인의 가치와 존재감을 인정받으려는 것이다. 그러나 사랑과 헌신에는 한계가 있다. 사람들에게 온기를 더해줄지 몰라도 시간이 지나면 자신도 모르는 사이 진정한 본인을 잃어버리고 만다.

◆ 말도 표정도 없는 '목각인형'

감정이 메마른 목각인형 같은 사람이 있다. 어떤 일에도 감정적 동요나 흔들림이 없으며 다른 사람의 감정과 정서에 관심과 애정이 조금도 없다. 얼굴은 늘 무표정으로 일관하며 재밌는 이야기를 해도 웃지 않고 새로운 사건에도 열정을 느끼지 못한다. 이들은 곁에 사람을 두지 않으며 가까이 다가오는 사람에게도 무관심하다.

긍정 에너지 충전, 먼저 나 자신을 사랑하라

사람들에게 편안함을 주고 싶다면 먼저 자신의 부정적 에너지를 긍정 에너지로 바꿔야 한다. 긍정적인 에너지로 가득한 사람은 어딜 가나 사랑받게 되어 있다.

◆ 냉혈한 : 자신을 먼저 사랑하자

사랑과 존중을 받지 못한 환경에서 살아온 사람이다. 남에게 관대하지 못한 이유는 자신에게 관대하지 못하기 때문이며 남에게 치명적인 상처를 주는 이유도 치명적인 일들이 자기의 상처를 건드리기 때문이다. 그들이 공격을 가하는 건 스스로 위로받고 싶어서이다. 다른 사람의 상처를 통해 본인의 걱정과 근심을 해소하고 싶은 것이다. 쌀쌀맞다는 말을 많이 듣지만 사실 이들의 내면은 훨씬 연약하다.

자기가 냉혈한이라는 생각이 든다면 먼저 자신을 사랑해야 한다. 자신을 사랑하고 존중해야만 다른 사람을 사랑하고 존중해줄 수 있다.

◆ 교도관 : 자신을 내려놓자

교도관 유형은 삶을 얽매인 느낌 속에서 산다. 어릴 때부터 지나친 간섭과 지도를 받아온 그들에게는 내면에 무서운 재판관이 한 명씩 있다. 외부 평가에 매우 예민하게 반응하면서 요구와 질책의 화살을 타인에게 되돌려주어야만 비로소 안도한다.

이런 사람들은 편안한 마음으로 자신의 진짜 모습을 바라봐야 한다. 어떤 가치나 기준을 제시하지 말고 굽어보자. 그러면 자연스럽게 다른 사람의 삶도 눈에 들어온다. 아울러 자신의 잣대로 다른 사람을 평가하면 안 된다는 사실도 깨닫게 된다.

◆ 유포자 : 본인이 책임지는 법을 배우자

무력하고 어두운 세상에서 살아가는 사람들이다. 어린아이처럼 관심과 사랑을 받아야만 즐겁고 약속이 이행되어야만 비로소 안심한다. 언제나 다른 사람의 관심과 이해를 바라기 때문에 내면은 이에 대한 실망과 공포로 가득하다.

이런 유형은 매사에 감사하는 법을 배워야 한다. 자신이 저지른 일에 책임질 줄 알고 용감하게 세상을 살아내야 한다. 이 세상에 자기 삶을 대신 책임져 줄 사람은 존재하지 않는다. 좋고 나쁜 것은 모두 자신이 어떻게 하느냐에 달려 있다.

◆ 아첨꾼 : 감정적으로 자립하자

종종 본인이 쓸모없다는 느낌에 사로잡혀 사는 사람들이다. 타인에게 감정적 인정을 갈구하며 누군가 자신의 가치를 알아봐 줄 때만 자기에게 만족한다. 이들은 감정적으로 독립해야 한다. 사람들의 마음을 사로잡기 위해 아첨하는 일은 그만두자. 지금 상태 그대로도 충분히 가치 있는 사람이기 때문이다.

◆ 승부사 : 용감하게 자신을 살아가자

남과 자신을 비교하는 심리를 버려라. 승부욕에 목말라 있는 모습이 매우 적극적이고 능동적으로 보이지만 실은 자기 인정이 부족해 생기는 내면의 갈증이다. 자신을 불신하므로 경쟁이나 비교에서 이겨야만 비로소 안도한다. 그 결과 매번 승리를 좇는 과정은 흥분되지만, 막이 내리면 걷잡을 수 없는 공허함에 빠진다. 먼저 자신을 뛰어넘는 법을 배워야 한다.

◆ 구원자 : 자신을 먼저 구원하자

가장 먼저 구원할 대상은 자신이다. 늘 무력감에 빠져 현실을 부정하는 감정에 젖어 살지 않기를 바란다. 당신은 신이 아니다. 약자들 가운데서 상대적으로 강함을 드러내고 본인의 행동에 스스로 감동하고 기뻐하지 마라. 가장 돌봄이 필요한 사람은 자신이다. 구원의 손길을 자신에게 뻗어라. 위로와 격려가 필요할 때 스스로 다독이고 쓰다듬어줄 줄 알아야 한다.

◆ 목각인형 : 감정을 배워보자

감정은 인간의 삶에서 가장 진실한 부분 중 하나이다. 무엇이 당신 마음의 빗장을 걸게 했는가? 무엇이 당신 감정의 흐름을 막고 있는가? 미소와 슬픔, 분노와 열정은 인간에게 나타나는 삶의 일부분이다. 감정을 풍부하게 표현하고 본인의 마음을 뜨겁게 달구는 법을 배워보자.

어울리기 힘든 사람과 함께할 때 내가 가진 긍정 에너지를 더 극대화하자. 이에는 이, 눈에는 눈이라는 생각으로 조목조목 따져서는 안 된다. 분한 나머지 화를 내거나 아예 피해 버리면 오히려 상태를 악화시키는 결과만 가져온다.

◆ '냉혈한'에게는 웃음으로 넘어가기

'냉혈한' 유형이 모진 말을 사용하는 것은 방어기제이다. 그러므로 그들과 논쟁하거나 의견에 반박하지 마라. 강경한 자세는 그들에게 불안과 공포를 심어주므로 오히려 더 심한 공격을 발휘하게 만든다. 그렇다고 억울한 피해자의 모습도 할 필요가 없다. 누군가에게 상처를 주었다는 쾌감을 그들에게 안겨주기 때문이다. 그저 담담하고 처연한 미소를 보이자. 그러면 그도 손에 쥐고 있던 무기를 조용히 내려놓는다.

◆ '교도관'에게는 당신의 입장을 분명히 밝히기

교도관 유형의 가장 큰 문제는 본인이 옳다고 여기는 일을 남에게도 강요한다는 점이다. 그들과 대화할 때는 시시비비를 가리는 것보다 확실하게 경계를 세우는 일에 더 중점을 둬야 한다. 적절한 방법으로 "나를 존중해주길 바란다."라는 메시지를 전하자.

물론 이런 유형의 부모님이나 상사를 둔 경우에는 이 방법을 실천하는 데 다소 어려움이 따른다. 예를 들어 '가르치려는' 사람들 앞에서 아이가 반항심을 보이는 이유도 그 때문이다. 하지만 반항은 문제를 해결하는 방법이 아니다. 오히려 그들을 더욱 자극해 더 가르치도록 이끈다. 그러므로 부모의 가르침 앞에서는 일단 부모의 사랑을 상기하고 가르침 가운데 가치 있는 내용을 새겨듣게 하자. 상사의 가르침 앞에서는 실천해야 할 부분을 찾아내 자신을 성장시킬 계기로 만들어보자. 경계를 세우는 일에 관해서는 침착하게 자신의 입장을 설명하면 된다. 상대를 바꿀 힘이 없다면 상대를 존중하는 자세로 받아들이자. 기억하라. 일단 그들을 자극하는 순간 당신은 실패한다.

◆ '유포자'와는 거리 유지하기

대인관계에서 나쁜 소문을 만들어 퍼뜨리는 사람과는 거리를 유지해야 한다. 회사에서는 불만에 찬 사람을 멀리하고 친구를 사귈 때는 밝고 긍정적인 사람을 사귀고 온라인에서는 부정적인 에너지로 가득한 계정은 구독하지 말자. 만일 연인이 그런 사람이라면 당신은 왜 그와 미래를 함께하고 싶은지 생각해보고 서로 바뀌도록 노력해야 한다. 만일 부모님이 그런 사람이면 하늘을 원망하지 말고 일정 거리를 유지하면서 본인 내면의 힘을 충분히 키우자. 그다음에 부모님에게 많은 관심과 배려를 보여 드린다. 또한 그들에게 변화가 일어날 거라는 믿음을 가져야 한다.

◆ '아첨꾼'에게는 존중을 표현하기

아첨꾼 유형의 과도한 '예의'와 '칭찬'은 본능적으로 반감과 싫증을 느끼게 한다. 하지만 어설프게 거절하거나 직접 비난한다면 당신 역시 무례한 사람이 된다. 존중과 배려는 서로에게 상처를 남기지 않으면서 거리를 유지하는 좋은 방법이다. 그들의 과도한 칭찬 앞에서 당신은 겸손할 필요도, 해명할 필요도 없다. 그저 예의 바르게 "고맙습니다."라고 말하면 된다.

◆ '승부사'의 도전장은 쉽게 용납하지 말기

도전장은 승리의 쾌감을 거머쥘 기회를 위한 것이다. 그러므로 그들과 무엇을 위해 경쟁하는지 잘 생각해야 한다. 승산이 없다고 판단되면 자연스럽게 그 경쟁에서 빠져나오자. 상대를 가르치려 해서는 안 된다. 그들의 승부 욕구를 예의 있게 칭찬해주되, 조용히 몸을 돌려 그 자리를 떠나면 된다.

◆ '구원자'에게는 도움이 필요하지 않다고 정확히 말하기

구원자 유형은 자신이 내민 손길에 보답이 없으면 화를 낸다. 그러므로 그들이 선물을 건넬 때는 이유가 무엇인지 물어보고 보답해야 하는 건 아닌지 생각해보자. 만일 상대가 감정적인 돌봄이나 사랑을 주고 있다면 그것이 꼭 필요한 것인지 확인해야 한다. 그리고 나도 역시 똑같이 그에게 돌려주어야 하는 건 아닌지 확인해보자. 그렇지 않으면 어느 날 갑자기 돌변해 얼굴색을 붉히며 '원수' 취급할지도 모른다.

◆ '목각인형'은 따뜻한 눈으로 바라봐주기

사람에게는 기본적으로 마음속 온기가 존재한다. 상대와 나눌 대화가 없을 때는 그저 따뜻한 눈으로 바라보자. 그들의 차가운 눈빛 너머 진정한 마음을 이해할 수 있을 것이다. 상대방 역시 '온정 있는 사람'으로 변화한다.

부정적 대화 습관 자기 검열 노트

대화 중에 나타나는 나의 나쁜 습관	개선 방안

실전 6 · 남녀의 대화 유형

마음을 돌리는 대화가 아닌 마음을 울리는 대화

우리는 서로 다른 데도 마음이 울려 평생을 함께하기로 약속한다. 하지만 그 '차이'와 '간극' 때문에 마음이 돌아서고 결국엔 헤어질 결심을 한다.

교정을 원하지 않는 남자, 구출하고 싶어 하는 여자

여자는 태생적으로 남자를 바꾸고 싶은 충동을 느낀다. 엄마가 아이를 가르쳐 자기 의지대로 만들 듯 잔소리를 일삼고 끊임없이 채근한다. 하지만 남자는 이런 여자의 태도에 매우 민감하게 저항한다. 자기 자존심을 건드리기 때문이다. 남자들은 속으로 생

각한다. '넌 내가 아무것도 못 한다고 생각하는 거야? 대체 왜?'

반면 남자는 통제권을 가지려 한다. 그래서 여자의 간섭이 심해질수록 더 반항하고 저항한다. 입을 닫고 생각을 말하지 않는다. 남자는 여자가 자신을 믿어주지 않으면 더욱 고집스럽게 변한다. 여자의 제의를 무시하거나 오히려 어긋나게 행동하는 이유가 여기에 있다. 순순히 그것을 수용하는 것 자체가 수치와 모욕이라고 여기는 것이다. 본인의 자존심에 상처를 주고 자기 능력을 의심한다고 생각해 분노 섞인 거절로 협조하지 않는다.

이에 여자는 '저 사람은 내가 안중에도 없어.', '우리는 인연이 아니야.', '나는 저 사람에게 아무런 소용이 없어.', '내가 그렇게 노력했는데도 전혀 좋아지지 않아.'라고 생각한다. 그로 인해 갈등은 더욱 깊어진다.

남자는 자기 의지에서 비롯되지 않은 구출을 싫어한다. 그러므로 남자에게 어떤 제안을 할 때는 몇 가지 기술이 필요하다.

◆ 명령형이 아닌 선택형으로

남자 손안에 통제권을 넘겨주자.

"내 생각에 자기 그 체크 셔츠는 내 스커트랑 잘 안 어울리는 것 같아. 내일 모임에 갈 때는 다른 옷으로 바꿔 입을 수 있어?"

◆ **복잡한 것은 단순하게**

"나랑 같이 쇼핑 좀 가줄 수 있어? 자기 옷 좀 골라주고 싶어서."

절대 장황하게 설명하지 마라. 본론으로 들어가기 위해 전제를 깔 필요도 없다.

"…자기 이번에 승진했잖아. 사람이 어떤 옷을 입고 다니는지도 중요해. 사람들이 당신을 평가할 때 옷을 볼 수도 있고…."

여자가 분위기를 띄우고자 서두를 길게 얘기하지만, 옷을 사러 가자는 말을 듣기도 전에 남자는 여자가 자신을 바꾸려 한다고 생각한다.

◆ **장담형 발언을 불확실함으로**

"그 일은 나도 확실하지 않은데 혹시 알려줄 수 있어요?"

"내가 이해한 게 맞나요?"

"한번 해볼게요. 당신이 보기에 내 생각은 어떤 것 같아요?"

가능하다면 남자 앞에서는 전문 지식이나 권위를 내세우지 말자. 그들을 평가하거나 질책해서도 안 된다. 언제 어디서건 남자의 자존심을 살려주는 게 중요하다.

반면 여자는 감정적인 동물이다. 이렇게 말하면 여자도 이성적이라고 반박하겠지만 대부분 감성에 따라 의견이 많이 좌우된다. 그 감정선도 사람에 따라 매우 들쑥날쑥하지만 지극히 정상적인 일이다. 여자가 우울하거나 힘들 때 정말로 필요한 건 '문제의 해결'이 아니라 '정서적 해결'이다. 방법은 의외로 간단하다. 옆에서 이야기를 들어주면 된다. 그게 힘들다면 그냥 그녀의 감정을 버텨내기만 하면 된다.

그런데 남자는 감정은 외면한 채 천성적으로 문제를 해결하려 든다. 기필코 그녀에게 무슨 일이 있었는지 정확히 말하게 한 다음 거기에 맞는 대책을 제안하려고 한다. 그로 인해 여자는 더 기분이 상해서 남자가 한 제안을 거절한다. 남자는 이로써 좌절감을 맛보고 자기 능력을 의심한다. 자신의 여자를 구출해줄 수 없다는 실패감에 휩싸이는 것이다. 이후에 같은 상황이 생기면 그들은 서로 못 본 체하거나 상황을 회피한다. 이때 그들이 하는 '자기변호'는 다음과 같다.

"그렇게까지 걱정할 필요 없어!"

"좋아. 그럼 나는 아무 말도 안 하겠어."

"그래서 내가 지금 당신하고 얘기하고 있잖아."

"당신은 내가 그 문제를 해결 못 한다고 하면서 왜 자꾸 나한테 얘기하는 거야?"

알다시피 이런 말은 갈등에 기름을 붓는 격이다. 기분을 나아지게 만들기는커녕 오히려 폭발하게 한다. 그럼 그녀는 이렇게 대꾸한다.

"당신은 내 감정에 관심조차 없잖아!"

"당신은 애초부터 날 신경 쓰지 않아!"

"됐어! 저리 가!"

여자는 구출이 필요한 게 아니다. 조용히 자기 곁에서 같은 편이 되어주기를 바란다. 그런데도 남자들은 그 자체를 어려워한다. 아주 조금의 변화로 대화의 분위기를 바꿔보자.

◆ 구출이 아닌 포용으로

여자의 우울한 감정은 남자 때문이 아니다. 남자와 여자 둘 사이의 문제가 아닌 외부 요인인 경우가 많다. 그러니 남자는 "내가 뭘 어쨌길래."라고 항변하지 마라. 힘들어하는 그녀를 보면서 어떻게든 구출하려는 의도가 무의미할 수 있다는 얘기다. 이런 부담을 내려놓으면 인내심을 가질 수 있다.

◆ 큰 것이 아닌 작은 것에 신경 쓰기

여자들은 작은 것에 감동한다. 아침에 일어나 오늘 컨디션은 어떤지 물어본다거나 함께 있지 않을 때도 "괜찮아?"라고 관심을 보여주면 된다. 남자들은 이런 것들이 너무 작은 일이라 별다른 의미가 없다고 생각한다. 아니다. 오히려 여자들은 큰 선물보다 소소한 감성을 일깨워주는 것을 좋아한다.

◆ 절망이 아닌 이해로

기분이 좋지 않은 여자는 남자의 언행을 못마땅하게 평가하거나 헌신과 노력을 당연한 것처럼 얘기한다. 마음이 울적해진 여자는 과거의 일을 들춰내 예전에 남자가 저질렀던 잘못을 들춰낸다. 이럴 때 남자들은 절망에 빠진다. 침묵이나 도피로 위기를 모면하려 한다. 하지만 여자들은 그럴수록 더욱 예민해진다. 오히려 엄청난 '살상력'을 준비하고 있을지 모른다. 절망의 순간에 회피가 답이 아니라는 말이다.

동굴이 필요한 남자, 얘기가 듣고 싶은 여자

남자와 여자는 스트레스를 처리하는 방식에서도 차이를 보인다. 어려움이 닥치면 남자는 모든 간섭을 배제한 채 자기만의 방법을 찾아 문제를 해결한다. 문제가 해결된 후에야 한숨 놓는다. 기분이 안 좋을 때 남자는 입을 굳게 닫고 마음 깊숙한 곳에 그 일을 숨긴다. 누군가의 도움이 절실히 필요하지 않은 이상 말하는 법이 없다. 그들은 심리적 압박이 있을 때도 혼자 있는 걸 좋아한다. 컴퓨터 게임으로 주의력을 분산시키면서 골치 아픈 일을 생각하지 않는 사람도 있고 등산이나 골프 등 운동으로 스트레스를 풀며 에너지를 충전하는 사람도 있다. 만일 여자가 이런 점을 이해하지 못하면 갈등이 일어나는 건 불 보듯 뻔하다.

남자는 스트레스가 쌓여 있거나 해결되지 않은 문제가 있다면 대화에 시큰둥하거나 건성으로 반응한다. 그러면 여자는 애정 어린 마음으로 묻는다.

"자기, 무슨 일 있어? 나한테 얘기해봐."

"요즘 스트레스 많이 받아?"

"나랑 같이 나누면 되잖아. 설마 나를 못 믿는 거야?"

"자기 지금 내 말 듣고 있어? 왜 나를 유령 취급해?"

이런 말은 서로에게 도움이 안 된다.

"아무 일도 없어. 그냥 얘기하고 싶지 않아."

"귀찮게 왜 그래! 그냥 좀 혼자 있게 내버려둬."

"어리광 좀 그만 부려."

전쟁의 서막은 이렇게 오른다. 남자는 태생적으로 독립된 공간이 필요하다. 남자들이 자신만의 공간으로 들어가고 싶어 한다면, 여자는 특별히 주의를 기울여야 한다. 자유롭게 그 공간에 드나들며 자신을 추스릴 수 있도록 돕는 게 좋다.

◆ 나쁜 쪽으로 생각하지 말자

남자가 혼자 있고 싶어 할 때나 당신의 이야기에 귀 기울여 줄 힘이 없을 때 무턱대고 상황을 상상하지 마라. 남자의 특징을 이해하면 여자도 화내는 빈도가 줄어든다. 그런데도 자꾸만 문제가 발생하고 마음이 쓰인다면 서로 암호를 정해서 자기 상황을 알리도록 하자.

◆ 막다른 길로 몰아가지 말자

혼자 있고 싶은 남자에게 질문은 금물이다. "무슨 일이야?", "얼마 동안 혼자 있고 싶은데?", "내가 할 일은 뭐야?", "지금 얼마나 심각한데?", "왜 나한테 안 알려주는 거야?"와 같은 질문은 그의 입을 더 꽉 다물게 한다.

◆ **함께하지 않아도 된다**

남자가 당신의 범위 안에 머물기를 바라지 마라. "내가 같이 있어 줄게.", "나랑 같이 산책 갈까?"라는 등 자꾸만 무언가를 함께 하려는 생각 자체를 버려라. 아무런 효과가 없다.

◆ **과거는 들춰내지 말자**

남자가 문제를 해결한 뒤 기쁘게 나타나면 지나간 일은 거론하지 말자. "그렇게 가버리면 나는 어떡해? 당신 기다리느라 내가 얼마나 힘들었는지 알아?"와 같은 말은 불필요하다. "그래서 일은 해결됐어?"라고 단순하게 묻자. 섣부른 위로나 위안도 아끼는 게 좋다. 아무 일도 없었던 것처럼 행동하면 언젠가 그가 말하고 싶을 때 스스로 털어놓는다.

◆ **좁은 길로 들어가지 말자**

남자가 자기만의 시간을 가질 때 여자도 잠시 혼자만의 기분을 느껴보는 것도 좋다. 친구와 수다 떨거나 혼자서 브런치를 즐기는 등 자유를 만끽해보자. 전에 없던 독립과 해방의 여유를 맛볼 수 있을 것이다.

곤경에 처했을 때 여자가 보이는 반응은 남자와 전혀 다르다.

여자는 누군가에게 자신이 마주한 어려움을 터놓길 원한다. 당장 문제를 해결하는 것보다 자기감정을 토로하는 게 중요한데, 얘기하면서 자연스레 답을 찾기도 한다. 여자는 자신이 신뢰하는 사람에게 모두 털어놓는 걸 주저하지 않는다. 그렇게 하면 마음이 한결 가벼워지기 때문이다.

여자는 자기 이야기를 토로할 대상을 정한 뒤 포문을 열면 자신의 희로애락은 물론 아주 세세한 부분까지 거듭 반복해서 말한다. 이를 잠자코 들어주는 일은 남자에게 참 힘든 일이다. 그래서 대화를 중단시키기 위해 다음과 같은 말을 꺼낸다.

"그래서 대체 뭘 하고 싶은 건데?"
"그럼 그걸 해결하면 되잖아."
"화를 낸다고 문제가 해결돼?"

그러면 여자들은 되받아친다.

"당신은 정말 날 몰라."
"한 번도 내 감정은 생각해본 적 없지?"
"내가 한 말을 잘 듣긴 한 거야?"

남자는 또다시 절망하고 짜증이 난다. 그렇게 칼과 방패를 들고 갑옷을 차려입은 채 둘의 전쟁이 시작된다. 여자에게 남자는 양심도 없는 적이 되고 남자에게 여자는 납득이 안 되는 적이 된다. 남자는 여자가 골치 아프게 산다고 느낀다. 그녀의 스트레스를 해결할 방법이 없고 구출 작전도 매번 실패로 돌아가기 때문이다. 하지만 여자를 조금만 더 이해하면서 소통하면 아주 간단하게 전쟁은 끝난다. 전쟁 따위는 다시 일어나지 않는다.

◆ 자신의 한계 받아들이기

여자가 왜 그런 감정을 느끼는 건지, 왜 우울한 건지 자신을 괴롭히면서까지 이해하려 들지 마라. 그녀의 감정을 책임져야 한다는 과도한 심리적 부담도 털어내야 한다. 그냥 솔직히 말하는 것이 가장 좋은 방법이다.

"당신은 이렇게 슬픈데 나는 지금 어떻게 말해줘야 할지 모르겠네. 너무 상처받지 마."

"당신이 지금 얘기하는 상황을 완전히 다 이해하지는 못하겠지만 그래도 계속 말하고 싶다면 들어줄게."

◆ 자신의 역할 인지하기

여자가 혼자 있고 싶어 하는 남자를 보면 혼자만의 시간이 필요한 건지, 아니면 자신을 사랑하지 않는 건지 헷갈리는 것처럼, 남자도 여자가 단순히 얘기하고 싶은 건지, 아니면 문제를 해결해주길 바라는 건지 잘 판단하지 못한다. 이를 위해 서로 약속을 정해보자. 슬픈 일이 있다면 "난 지금 너무 슬퍼. 지금 이 감정을 당신에게 말하고 싶어. 해결책은 필요 없어. 그냥 들어주기만 하면 돼."라고 말해달라고 정하면 된다. 역할을 정해두면 서로 오해가 생기지 않는다.

◆ 부드러운 말, 부드러운 위로

남자는 어떤 일에 대해서는 굳이 설명하거나 해명할 필요가 없다고 생각한다. "제가 잘못하지 않았는데 바른말을 해주는 게 오히려 그녀를 기만하지 않는 거 아닌가요?"라고 묻는 사람이 있다. 그런가 하면 "그녀 앞에서 제 잘못을 인정하면 체면이 안 서잖아요."라고 말하는 사람도 있다. 그러나 위로를 건네고 잘못을 인정할 때 무시당하는 일은 절대로 일어나지 않는다. 부드러운 말로 달래준다고 남자의 자존심이 뭉개지는 것도 아니다. 그 일로 오히려 그녀에게 더 존경받는 사람이 된다.

◆ **원활한 대인관계 독려하기**

그녀가 친구를 더 많이 만나고 취미를 가지도록 격려하자. 쉽게 자기 일을 포기하지 않도록 응원하라. 그녀에게 유일한 감정적 자원은 당신이다. 당연히 더 많은 감정적 잔업을 감당해야 관계가 돈독해진다.

◆ **감정 기복 즐기기**

남자의 이성적 세계는 흐렸다가 맑고, 둥글었다가도 모가 나는 감정적 기복이 거의 없다. 하지만 여자는 신체의 리듬이나 생리적 변화로 감정 변화의 폭이 크게 나타난다. 이를 무조건 받아주라는 말은 아니다. 함께 감정의 파도를 타면 더 아름답게 빛나는 인생을 발견할 수 있다는 점을 알려주고 싶을 뿐이다.

나는 사랑받을 만한 사람 vs 나는 할 수 있다

전통문화에서 여성은 늘 자신을 희생했다. 누군가를 돌보거나 챙기고 보살피는 처지에서 생활했다. 부드럽고 차분하며 고분고분한 모습이어야 한다는 관습과 관념에 갇혀 지낸 것이다. 여자의 일은 노동의 강도가 높지만 인정받기보다 폄하되기 일쑤였다. 여성의 의식에 억울함이 숨겨져 있는 이유이다.

억울함은 원망을 만든다. 자신의 요구나 욕구를 참으며 타인이 베풀어주는 친절과 성의를 기쁜 마음으로 받아들이지 못한다. 남자는 여자의 거절에 자존심이 상한다. 자신은 상대에게 쓸모없고 인정받지 못한다고 생각해 그만큼 그녀를 위한 노력을 줄인다. 그러면 여자는 '나는 사랑받지 못하는 존재'라고 생각한다. 이는 그녀의 내면에서 트라우마로 작용한다. 불만과 불만족의 감정이 돌고 도는 악순환이 반복되는 것이다.

남자들 역시 두려움이 있다. 자신의 역량이 충분하지 못하다는 생각, 즉 '난 안 돼', '나는 부족한 사람'이라는 생각이다. 그래서 상대에게 무언가를 해줄 때 이해득실을 굉장히 따진다. 자신이 문제를 해결하지 못해 그녀를 만족시키지 못하면 신뢰를 잃을까 봐 걱정한다. 실패하면 사람들의 조롱거리가 되고 그녀에게 인정과 성취감을 주지 못하면 [표 6-1] 남성과 여성의 '감정 위장' 대조표에서 보는 것처럼 불평과 비난을 받게 되리라 생각한다.

원가족은 사람이 인간관계를 맺는 데 거대한 영향을 미친다. 어머니만 늘 힘든 일을 떠맡고 희생하는 가정에서 자란 여성은 자신을 아끼고 사랑하는 법을 배울 수 없다. 자기 의견을 조리 있게 얘기해서 해결하는 법을 모른다. 반면 늘 어머니를 실망시키고 힘들게 하는 아버지를 보고 자란 남성은 자신이 합격점을 받

남 성	여 성
화를 낼 때 내면의 감정 : 비통함, 미안함, 죄책감, 두려움	**걱정할 때 내면의 감정 : 분노,** 죄책감, 두려움, 실망
관심을 보이지 않을 때 내면의 감정 : 분노	**분노를 통제하지 못할 때 내면의 감정** : 난처함, 무력함, 비통함, 절망감
독단적이고 고압적일 때 내면의 감정 : 걱정, 확신 없음	**두려울 때 내면의 감정** : 상처, 아픔
냉정한 척할 때 내면의 감정 : 두려움, 실망, 위축	**행복한 척할 때 내면의 감정 :** 분노, 비통함, 슬픔, 실망
상대를 압박할 때 내면의 감정 : 겁이 남, 두려움	**너그럽게 용서할 때 내면의 감정 :** 분노, 실망

[표 6-1] 남성과 여성의 '감정 위장' 대조표

을 만한 배우자라고 확신하지 못한다. 심지어 자신이 모방할 만한 모범적 남성을 찾아내지 못하고 표류한다. 반면, 너무 강한 어머니 밑에서 자란 남성의 내면에는 여성에 대한 공포심이 잠재해 있다.

상대에게 감동을 주려면 남녀 상관없이 변화를 위해 서로 노력해야 한다.

◆ 여자가 먼저 칭찬하자

이미 아버지가 된 남자라도 어린아이와 같은 지지와 이해가 필요하다. 크고 굵직한 사건만 이야기하지 말고 작은 일에도 그때 그때 즉각적으로 긍정적인 피드백을 주자. 설령 5분만 대화를 나눴더라도 "오늘 대화가 참 좋았어요!"라고 말해주면 된다. 아이를 위해 남편이 컵라면 하나를 끓여줬더라도 "오늘 당신이 도와주니까 내가 훨씬 편하네요."라고 말해준다. 남자는 인정받으면 쑥쑥 자라는 생물체이다. 더 잘하기 위해 노력하며 시간이 갈수록 잘하는 게 더 많아진다.

◆ 여자의 말은 번역이 필요하다

여자는 직접적 표현으로 말하지 않는다. 남자들은 자신이 또 여자의 비위를 못 맞추고 기분 상하게 하는 실수를 저지르진 않을까 전전긍긍하기보다 그녀의 말을 번역하는 법을 배워야 한다. 예를 들어 "당신은 정말 내가 안중에도 없나 봐!"라고 말한다면 아마 그녀에게 다정하게 인사를 건네지 않았기 때문일 것이다. "나도 다시는 이렇게 안 할 거야. 내가 무슨 이 집 식모야?"라고 말할 때는 오늘 많이 힘들었다는 뜻이다. 여자는 진짜로 무언가를 포기하거나 단념해야 할 때는 오히려 지나치게 조용하고 아무런 말이 없다.

◆ 부탁을 통해 그들을 '양육'하라

여자들은 무언가를 요구할 때 마음속 응어리를 완벽하게 걸어내고자 한다. 남자에게는 여자의 말에 노력하고 책임지는 과정을 통해 나아가려는 마음이 있다. 그러므로 여자는 부탁 잘하는 법을 알아두면 좋다.

요구나 부탁할 때는 시기를 적절히 살피고 명령조를 피해야 한다. 간단하게 말하되 절대 설교식으로 해서는 안 된다. 함축적으로 표현하거나 암시하는 듯 말하지 마라. 남자는 알아듣지 못한다. 자신의 말에 일단 남자가 움직이면 곧바로 칭찬해주고 엉성한 부분이 있더라도 눈감아주자. 그래야만 다음번에 더 효과적으로 부탁할 수 있다.

◆ 노력하며 성장한다

남자와 여자는 서로의 정서와 감정을 이해해야 한다. 그 과정에서 서로를 이해하며 노력과 헌신으로 상대의 마음을 사로잡을 수 있다. 상대의 인정과 만족에서 본인의 자신감과 성취감은 자연스레 늘어난다. 이를 통해 서로 한층 더 성숙해지는 기회를 맞는다. 이성의 힘이 비로소 빛을 발할 때 서로에게 힘과 위로를 가져다준다. 사랑과 존경이 자연스럽게 뒤따르는 것이다.

남녀 차이 인식하기 실전 연습 노트

신뢰하는 이성을 찾아 남자와 여자의 차이로 이야기 나눠보자. 새롭게 발견한 내용을 적어보고 이성과 대화할 때 고쳐야 할 부분은 없는지 상대에게 조언을 구해보자.

실전 7 • 부모와 자녀의 대화

폭력적인 소통을 중단하라

자녀에게 익숙한 사랑이 아닌 성숙한 사랑을 주도록 하라.

직장에 다니는 M은 부모님과 함께 산다. 결혼 적령기가 지났지만 현재 사귀는 남자친구는 없다. 최근 들어 업무가 많아지면서 부쩍 스트레스가 늘었지만 부모님과 함께 사는 게 좋았다. 부모님이 식사와 빨래 등 일상생활을 책임져 주기 때문에 아무런 부담없이 마음 놓고 쉴 수 있어서 좋은 것이다. 식사 후에도 그녀는 방에 들어가 자기 할 일만 하면 됐다.

그날도 저녁 식사를 끝낸 그녀가 젓가락을 내려놓고 방으로 가려는데 엄마가 불러세웠다.

"나도 이제 나이가 60인데 언제까지 네 뒤치다꺼리를 해야겠니? 대체 언제 너한테 대접받으며 살 수 있는 거야? 옆집 딸은 진즉에 결혼해서 자식까지 낳았는데 너는 도대체 어떻게 된 게 남자친구 하나 없니?"

서둘러 방으로 들어와 문을 닫으니 뒤이어 아빠의 잔소리가 따라왔다.

"분명히 말하는데 우리도 더는 이런 식으로 못 산다. 이게 남들이 얘기하는 '캥거루족'이 아니고 뭐냐? 일말의 책임감도 없이, 그동안 공부는 다 허투루 시켰어!"

여기까지 들은 그녀는 방문을 잠가버렸다.

잠시 후 물을 마시러 방에서 나온 그녀는 생각지도 못한 상황을 마주했다. 소파에 앉아 빨래를 개던 엄마가 눈물을 뚝뚝 흘리며 혼잣말을 했다.

"에휴, 할 줄 아는 거라곤 아무것도 없고. 그래, 너라고 뭐 별수 있겠니? 이게 다 내 팔자려니 생각해야지."

일종의 무력감이 갑자기 그녀에게 몰려왔다. 독립을 무수히 많이 생각했지만 용기를 내지 못한 그녀였다. 그녀는 깊은 우울감에 빠졌다.

잔소리(불만)로 나오는 감정표현 경계하기

잔소리는 자녀에게 관심을 표하는 부모님의 방식이다. 잔소리에는 이해받고 싶은 마음과 자기 이야기를 들어주었으면 하는 마음이 숨겨져 있다. 그러나 자녀는 귓등으로도 듣지 않는다. 사실 우리는 자기감정을 효과적으로 전달하는 법을 배우지 못했다. 그러므로 상황별로 감정을 전달하는 표현을 익히면 많은 도움이 될 것이다.

◆ 화가 날 때

"나는 …가 싫어."

"지금 나는 무척 화가 났어."

"이 일은 정말 나를 화나게 해."

◆ 슬플 때

"OO 일로 정말 실망했어."

"왜냐하면 … 때문에 정말 슬퍼. 난 …라고 생각해."

"네가 했던 그 한마디가 큰 상처가 됐어."

◆ 후회될 때

“그 일 때문에 정말 난처했어. 왜냐하면 ….”

“정말 미안해. …은 미처 생각 못 했어.”

“고의로 그런 건 아니야. …할 거라고는 생각 못 했어. 정말 미안해.”

◆ 사랑을 표현할 때

“널 응원해!”

“널 이해할 수 있을 것 같아.”

“나를 위해 …해줘서 정말 고마워.”

질책(야단)으로 부탁하지 않기

눈에 거슬리는 자녀의 행동을 교정하고 싶을 때 부모는 화가 난 상태로 아이를 비난하고 질책한다. 모질고 험악하게 할수록 효과가 더 좋은 것처럼 몰아붙인다. 어떻게 말해야 효과가 있는지 알지 못하고 자기감정에 치우쳐 아이의 상황이나 감정까지 챙기지 못하기 때문이다. 그래서 많은 부모가 소리부터 지르고 폭언을 퍼붓는다. 분명한 점은 질책과 모욕 간의 거리는 종이 한 장 차이라는 것이다.

선조들은 자녀를 교육할 때 '칠불책七不責' 원칙을 적용했다. 이 원칙은 부모뿐만 아니라 리더나 관리자, 부부와 친구 사이의 소통에서 '금기사항'으로 적용이 가능하다.

- 관중불책觀衆不責 : 많은 사람 앞에서 꾸짖지 않는다. 상대의 존엄성을 인정한다.
- 괴회불책愧悔不責 : 먼저 자기 과오를 깨닫고 후회하고 있다면 더는 꾸짖지 않는다.
- 모야불책暮夜不責 : 잠자리에 들 준비를 마친 사람을 꾸짖지 않는다. 절망감에 휩싸여 잠자리에 들면 잠을 이룰 수 없거나 악몽에 시달린다.
- 음식불책飮食不責 : 식사 중인 사람을 꾸짖지 않는다. 밥상머리에서 말을 해서 건강에 영향을 주는 일이 없도록 한다.
- 환경불책歡慶不責 : 기분이 좋은 사람을 꾸짖지 않는다. 신체에 큰 해가 된다.
- 비우불책悲憂不責 : 슬픔과 걱정에 젖어 있는 사람을 꾸짖지 않는다. 신체에 큰 해가 된다.
- 질병불책疾病不責 : 병이 난 사람을 꾸짖지 않는다. 건강이 회복된 후에 얘기한다.

상대를 변화시키고자 할 때 효과적인 소통의 단계를 알아보자.

- 1단계 : 구체적인 사실을 근거로 비합리적인 행위를 설명한다.
- 2단계 : 비합리적인 행위가 당사자의 성장에 미칠 부정적인 영향을 강조한다.
- 3단계 : 당사자의 반응을 살핀 뒤 그가 해명할 공간을 마련해준다.
- 4단계 : 공감대를 형성한 상황에서 구체적인 요구사항을 명확히 제시한다.
- 5단계 : 당사자의 약속을 받아낸다.
- 6단계 : 행위가 개선될 때까지 지속해서 관리와 감독을 해준다.

기대사항을 비교로 강조하지 마라

자녀에 대한 기대를 드러낼 때 부모는 다른 집 자녀와 비교한다. 자녀는 아무리 열심히 노력해도 성과를 내지 못할 때 '다른 집 누구'를 평생 '거짓 라이벌'로 설정한 채 살아갈 수도 있다.

우리에게는 자신이 기대하는 바를 비교로 표현하려는 습관이 있다. 하지만 이는 현재 자신의 삶에 절대 만족하지 못하게 만든다. 트집 잡기 좋아하는 아내는 늘 남편의 이런저런 문제를 지적하면서 다른 집 남편은 뭐가 좋은지, 뭘 잘하는지 얘기한다. 비교를 좋아하는 상사는 "남들은 다 하는 걸 왜 자네만 못 하나?"라고 말한다. 비교를 극도로 싫어하면서도 어느새 익숙해진 자신도 마음속에 끊임없이 남과 비교하는 '재판관'을 한 명씩 들어 앉힌다. 그리고 자신이 무엇을 잘못하는지, 어디가 부족한지 찾아내고 자신을 불만스러워한다. 아주 훌륭하게 인생을 살아내고 있는데도 말이다.

- 현실에 맞지 않는 기대를 거두고 진실한 자신을 마주하자.
- 타인(특히 아이들의 경우)을 통해 자신이 실현하지 못한 일을 만족하려 하지 말자.
- 자기연민을 깨뜨리고 완벽하지 않은 자신을 인정하자.
- 자신과의 대화를 통해 '비교'와 관련한 글자를 마음에서 지워버리자.
- 자꾸만 비교하는 습관을 고치도록 하자.
- 자신의 작은 발전에 격려와 박수를 보내고 성공에 조바심 내지 말자.

걱정이 불안으로 번지지 않게 주의하라

아이가 자라 성인이 되어도 걱정을 놓지 못하는 부모가 있다. 아이를 낳으면 분유 걱정, 학교에 가면 성적 걱정, 힘들게 대학에 진학하면 취업 걱정, 연애 걱정, 결혼하면 손주 걱정 등.

이 굴레에서 하루빨리 벗어나야 한다. 걱정이 곧 사랑이라는 잘못된 생각도 버려야 한다. 언뜻 보기엔 사랑 같지만 절대 사랑이 아니다. 아이를 믿지 못하는 불신이며 실수를 눈 뜨고 보지 못하겠다는 엄포이다.

아이에게 큰 결함이 있는 것 같지만 사실은 걱정과 초조함을 해결하지 못한 부모 자신의 문제이다. 이것이 잔소리를 통해 아이에게 전이되고 성장하는 데 장애물이 된다. 부모의 걱정이 고스란히 아이 내면에 정착되어 불안을 야기하고 강박으로 스스로에게 저주를 건다. '잘못하면 어떡하지?'라는 부정적 심리가 내면에 있는데 어떤 일에서 무엇이 잘되겠는가.

◆ 어디에서 시작한 '걱정'일까

부모의 기우와 상실, 우려는 아이에게 그대로 전이된다. 한여름에도 찬 음료를 많이 마시면 안 된다며 먹는 것을 절제시킨다. 살찐다며 먹을 것을 통제하는 부모도 있다. 어디 그뿐인가. 위험하다고 친구들과의 여행을 허락하지 않는다. 물론 아이를 위한 규제이고 제약이겠지만 아이 스스로 자기 몸을 지키고 안전을 추구해야 한다. 부모의 걱정을 안심시키기 위해 아이의 행동이나 욕구가 표출되지 못하면 더 큰 걱정거리가 생긴다. 부모는 자신의 걱정과 불안을 덜어내기 위해 아이를 이용해서는 안 된다.

◆ 먼 길을 돌아가는 걸 두려워하지 마라

행복 전문가 하이란 박사는 "부모들은 종종 '나는 이미 그 길을 지나온 사람이잖니. 내가 돌아온 먼 길로 네가 가지 않았으면 좋겠고, 내가 만났던 함정에 네가 다시 빠지지 않았으면 좋겠다'고 말한다."라고 했다. 보편적인 부모의 심리를 대변해주는 말이다. 그러나 시대는 변하고 있다. 과거 부모가 돌아왔던 먼 길이 지금 아이들에게는 빠른 길이 될 수도 있다. 부모가 빠졌던 함정은 아예 사라지고 없을지 모른다. 설령 먼 길이고 함정이 있다고 해도 아이가 직접 판단하고 대응하게 해야 한다. 능력은 경험과 실수와 좌절을 겪으며 생긴 치열한 열정으로 획득해내는 것이기 때문이다. 좌절은 인생의 귀한 자원이다. 슬픔은 마음 성장의 비료이다. 자원과 비료는 개인의 성장을 돕고 목표를 이루는 밑거름이 된다.

◆ 걱정하지 말고 당장 할 수 있는 일을 하라

늘 걱정을 입에 달고 사는 부모가 있다. 이들은 말을 앞세우는 대신 실행에 옮기지는 않는다. 서서 발만 동동 구르는 사람이라고 할 수 있다. 정말 걱정된다면 그 문제를 해결하면 된다. 자녀가 집안일을 하지 못해 결혼을 못 할까 봐 걱정이라면 당장 집안일을 가르치면 된다. 아니면 집안일을 요구하지 않는 신랑감을 같이 찾아주면 된다. 집안일을 못 해 걱정이라고 하면서도 설거지는 시키지 않고 그저 입으로만 걱정하는 꼴이다. 말과 행동이 다른 사람이다.

희생이나 노력에 대가를 바라지 마라

감정으로 연결된 관계에서는 모두 자신이 비참한 운명의 드라마 주인공처럼 행동한다. 자신의 수고로움과 희생을 강조하여 상대에게 죄책감을 심어준다. 연인이 떠나는 걸 막고 자기 요구대로 상대를 움직이려는 심리에서 나온 작전이다.

그들은 피해자의 질문법으로 상대를 유인한다. "내가 널 위해 얼마나 많은 상처를 감내했는지 알아?", "지금 내가 널 위해 얼마나 많이 희생하고 있는지 알기나 해?"라고 말하며 심적 부담을 안긴다. 나아가 그들은 사람들에게 아첨을 떨거나 비위를 맞추는 등 스스로 자신을 보잘것없는 존재처럼 둔갑시켜 보이지 않는 통제력을 행사한다.

◆ 서로의 경계선 명확히 하기

대화할 때는 '경계선'을 잘 지켜야 한다. 한발 양보하면 자기감정이 무시당하는 것 같고, 한발 나아가면 본인의 의지를 너무 강하게 밀어붙이는 느낌이 들어 위축되는 경향이 있다. 특히 부모와 자식 간에는 이 경계선이 모호할 때가 많다. 부모와 아이는 양육자와 양육받는 자의 위치가 확고하기에 경계의 원칙이 지켜지지 않는다. 자녀도 당연하게 이를 받아들인다. 이렇게 긴밀한 정서적 관계는 서로의 거리가 너무 가까워 숨쉬기 힘들다.

◆ 요구와 갈취는 종이 한 장 차이

성장한 자녀가 부모와 같이 사는 것이 흉은 아니다. 일이 바쁘고 고되면 부모에게 의지해 살 수 있다. 하지만 젓가락을 내려놓은 뒤 바로 방으로 들어가 버리는 것, 집안일에 무관심한 것은 부모를 갉아먹는 행위이다. 부모는 자녀를 사랑해서 잡다한 일까지 해주고 싶어 한다. 자신의 수고보다 자녀가 편했으면 하는 마음이다. 하지만 이에 대한 대가로 자녀에게 일어난 일을 일일이 알려고 하거나 사생활까지 통제하려 들면 안 된다. 이는 분명히 선을 넘어선 요구이다.

◆ 희생이 통제로 변하는 순간

베풀기 좋아하는 사람은 어느 순간 섭섭해하고 때로는 분노한다. 자신이 베푼 만큼 상대가 호응해주지 않기 때문이다. 그들의 헌신에는 상대를 통제하고 싶은 욕구와 기대가 담겨 있다. 그런데 상대가 자기 마음대로 따르지 않거나 기대에 미치지 못하는 반응이 나오면 억울한 느낌을 받는다. 그들이 꼭 알아야 할 점은 헌신해서 얻어내고자 한 것을 상대는 절대 원하지 않거나 싫어할 수도 있다는 사실이다. 그래서 자녀의 모든 걸 대신해주는 부모는 그들의 인생을 도둑질하는 것과 같다. 사랑이 통제로 바뀌는 건 순간이다.

지나친 사랑과 보상심리를 경계하라

시대가 변하고 사람들의 생활수준이 향상되었다. 아이를 키우는 환경도 예전에 비할 수가 없다. 부모의 경제 상황 또한 아이를 든든히 뒷받침할 만큼 나아졌다. 그로 인해 훈육은 줄고 과잉보호와 무조건 허용을 신뢰하는 양육 태도가 늘어났다. 특히 외동아이는 할머니(할아버지)를 비롯한 온 가족의 비호를 받으며 성장한다. 손을 뻗으면 옷을 입혀주고, 입을 열면 밥을 먹여준다. 아이를 존중한답시고 규칙이나 예의보다 아이의 자유를 앞세운다. 조부모들은 손주가 고생하지 않을까, 배고프지 않을까 노심초사하며 손주가 청소년기를 지났음에도 어린아이처럼 취급한다.

이런 사랑과 무조건적 존중은 모두 보상심리에서 비롯된다. 자신들이 자랄 때 혹은 자녀를 키울 때 부족했던 먹거리와 존중과 권리, 자유를 누리지 못했던 부분을 채워주고 싶은 마음이 크다. 이런 과도한 사랑과 지나친 자유를 용인하는 기형적 양육은 부모나 조부모의 만족감을 실현하는 수단이 되기도 한다. 이로 인해 아이들은 언젠가 성장의 대가를 치르게 된다.

혹 나도 아이를 지나치게 사랑하고 있는지 확인해보자. 다음 질문을 통해 자녀 양육 과정에서 자신의 어린 시절을 보상하는 심리가 있는지 들여다봐야 한다. 감사는 성숙한 사랑에서 흘러나와 꽃을 피우는 마음의 결실이다.

- 아이를 위해 하는 일이 다른 가정의 부모와 비슷한가?
- 똑같은 일을 경제 조건이나 생활환경이 비슷한 가정에서는 어떻게 처리하는가?
- 현재 아이에게 내 수입을 초과하는 투자를 하고 있는가?
- 아이의 요구를 거절할 때 나는 죄책감을 느끼는가?
- 우수한 아이들을 보면서 내가 원하는 교육방식을 적용하고 있는가?
- 자녀가 나에게 감사하고 있는지 헤아리고 있는가?

자녀에게 어떤 양육방식이 심리적 압박을 주고 슬픔과 상처를 안기는지 물어보자. 아이의 연령에 따라 질문은 조금씩 변형할 수 있다.

아빠(엄마)와 나눴던 대화 중에 기분 나쁘게 했던 방식은 뭐였니?

아빠(엄마)가 했던 일 중에 잘못했던 일이 뭐라고 생각해? 그 이유는?

아빠(엄마)가 어떤 방식으로 너와 대화하면 좋을까?

PART 2

갈등을 해소하라

술은 지기를 만나 마시면 천 잔으로도 모자라고, 말은 마음이 맞지 않으면 반 마디도 많은 법이다.

- 불편한 말을 즐겁게 하는 방법
- 대화 중에 격해지는 감정은 어떻게 해야 할까?

실전 8 · 감정의 좌표 수정하기

자신을 위해 모든 정서를 활용하라

감성지수가 높은 사람은 소통할 때 '정서'를 에너지로 삼는다. 감정이나 정서는 개인이 품은 자원인데 자신이 유리한 방향으로 대화를 이끌어 갈 수 있기 때문이다.

감정에 집중하기, 작은 정서도 무시할 수 없다

과학자들이 대뇌의 편도체를 제거한 환자를 연구했다. 그 결과 분석과 사고 능력에는 문제가 없었으나 의사 결정을 스스로 내리지 못했다. 편도체는 정서적 경험을 저장하는 기관이므로 의사 결정과 무관할 것 같지만, 연구결과 개인의 감정과 정서가 의사 결정에 관여한다고 밝혀졌다.

이성적 사람은 의사를 결정할 때 감정을 배제하지 않는다. 오히려 감정을 더 적절하게 처리하거나 억누르며 조절한다. 감정에 의해 자기 의견이나 의사가 잘못 결정되는 것을 통제하려는 것이다. 그만큼 감정이 의사 결정에 중요한 요인으로 작용한다.

대뇌의 검증 시스템인 '정서'는 사람의 생각과 활동을 조율한다. 긍정적인 정서가 가동되면 사고가 열려 사물의 아름다움을 발견하고 수용하게 돕는다. 즐거운 사람과 더 쉽게 소통할 수 있는 것도 그 때문이다. 부정적인 정서는 사람을 비관적이고 실망하게 만들어 사물의 수용도를 떨어뜨린다. 더 까다롭고 공격성이 강해지는 요인이다. 우울증 환자는 전형적으로 부정적 정서에 사로잡힌 사람이라고 보면 된다. 그들은 비관적인 눈으로 세상을 바라보고 실망에 압도되어 있다. 이들을 교화하거나 긍정적으로 유도하려면 대화 자체가 불가능하다.

좌표를 수정하면 대화의 반은 성공한다

심리학자들이 정리한 [표 8-1] 정서와 에너지의 상관관계가 있다. 정서가 소통과 행위에 어떠한 영향을 주는지 명확히 알려주는 자료이다.

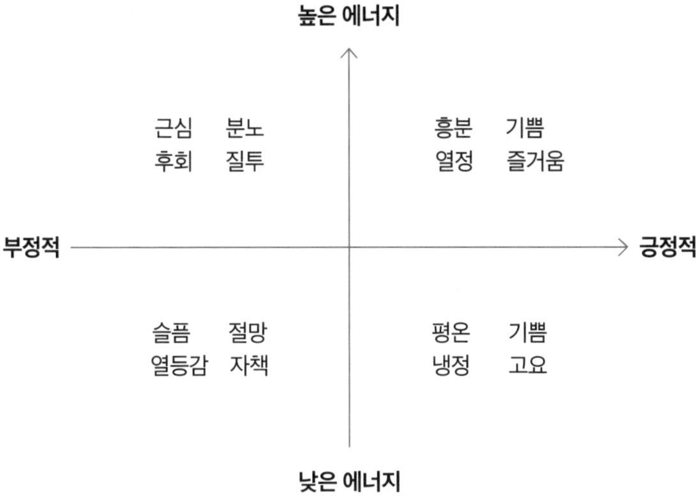

[표 8-1] 정서와 에너지의 상관관계

우리는 대화 상대방의 정서 상태에 따라 소통 전략을 취해야 한다. 정서의 버튼만 잘 찾아내도 소통은 성공한다.

- 가로축 : 즐거운 정서의 정도를 나타낸다. 사랑과 기쁨, 즐거움, 흥분, 평안, 호기심, 만족 등 기분 좋은 정도를 나타내는 척도이다.

- 세로축 : 정서를 일깨우는 정도를 나타낸다. 정서 에너지의 크고 작음을 의미하는데 활력이 넘치는지, 에너지가 왕성한지를 가리킨다. 엄청난 에너지가 뒷받침되는 흥분이나 분노, 큰

에너지를 소모하지 않아도 되는 걱정이나 침묵이 여기에 속한다.

정서와 에너지는 서로 다른 상태에 놓인 상관관계의 좌표이다. 이를 보면 우리 행동은 정서에 따라 다르게 표현된다는 사실을 확인할 수 있다. 행동 뒤에 하나의 수행원 정서가 존재하는 것이다.

◆ 높은 에너지와 긍정적인 정서 : 활달형 사분면

- 정서 : 흥분과 감동, 환희와 격한 기쁨의 상태
- 행동 : 열정과 기쁨이 넘치고 활달하다. 창의력이 두드러지고 매력이 넘치며 집행력이 있다.
- 소통 : 적극적이고 개방적이며 대세를 따른다. 큰소리를 잘 치고 지나치게 무언가를 약속하고 맹세한다. 쉽게 '사기'를 당하기도 한다.

◆ 높은 에너지와 부정적인 정서 : 공격형 사분면

- 정서 : 분노와 짜증, 원망과 토로, 근심
- 행동 : 공격성이 강하다. 심리적 압박에서 일을 진행하며 너 죽고 나 사는 식으로 승리를 쟁취하려 한다. 부정적인 정서가 쉽

게 폭발한다.

- 소통 : 공격적인 언어를 사용하고 과격하며 자기 생각을 고집스럽게 유지한다.

◆ 낮은 에너지와 부정적인 정서 : 심사형 사분면

- 정서 : 근심과 걱정, 우울과 피로
- 행동 : 문제를 지적하고 걱정한다. 상대를 인정하지 않고 트집을 잡는다. 행동 능력은 부족하다.
- 소통 : 불친절하고 비협조적이다. 트집을 잡아내고 원망하며 불만을 터뜨리고 걱정한다.

◆ 낮은 에너지와 긍정적인 정서 : 이성형 사분면

- 정서 : 평온함, 즐거움, 담담함, 기쁨
- 행동 : 평온하고 의견을 잘 수용하며 동감할 줄 안다. 정서가 비교적 안정적이다.
- 소통 : 긍정적이고 낙관적이며 이성적이고 평안하다. 잘 듣고 반성할 줄 알며 의견을 청취하고 자신의 의견을 표현한다. 소통에서 상호 간의 윈윈(Win-Win)을 실현하려 한다.

이스라엘의 유명 심리학자 루벤 바론Reuven Baron 박사는 "정서가 우리를 위해 일하게 하자."라고 했다. 감성 지수의 핵심을 잘 드러낸 말이다. 즐거운 정서만이 아니라 모든 정서가 긍정적 자원이고 자신을 위해 사용된다는 점을 짚어주고 있다.

- 활달형 사분면에서 사람의 두뇌는 깨어 있다. 그로 인해 긍정적 아이디어가 나온다. 사람을 매료시키는 의견은 분위기와 정서를 고조시킬 수 있다. 기쁨에 가득한 사람은 서로를 잘 인정해주고 수용하는 결과로 이어진다. 이는 소통의 핵심이다.
- 공격형 사분면에서 사람은 진취적으로 변한다. 적절한 스트레스는 우리의 능률을 높여준다. 공공의 적을 향해 적개심을 품는 마음 또한 진취적 에너지로 전환하면 사람들과 연대하여 공포를 잊을 수 있다. 비통함을 에너지로 전환하는 것 역시 공격 에너지를 적절히 사용한 전형적인 예이다.
- 심사형 사분면에서 사람은 매우 엄격하게 변한다. 중대한 결정을 앞두고 있을 때 적절한 근심과 긴장이 정신을 집중하도록 유도한다. 더 많은 리스크를 보게 하고 안전한 결정을 내리도록 돕는 것이다. 심사 상태의 소통은 맹목적인 즐거움에서도 냉정함을 찾게 도와준다.
- 이성형 사분면에서는 사람의 집중력이 한껏 올라간다. 이를 에너지

로 전환하면 평온하면서 여유롭고 긍정으로 지혜가 충만해진다. 가장 이상적인 소통의 상태가 되는 것이다.

증상에 따라 처방하라

◆ 공격형 사분면 : 불만 붙이면 터져버리는 시한폭탄

항공편이 지연되면서 탑승하지 못하게 된 37명의 승객은 잔뜩 화가 난 채로 항공사에 보상을 요구하며 고성을 질러댔다. 이때 항공사 직원 한 명이 갑자기 무릎을 꿇고 승객들에게 양해를 구했다. 하지만 승객들은 콧방귀를 뀌었다. 어느 여성은 날카로운 목소리로 "소용없어요!"라고 소리를 질렀다. 감정은 갈수록 격해졌다. 다른 승객들도 함께 소리를 질러대면서 상황은 걷잡을 수 없이 심각해졌다.

무릎까지 꿇어가며 용서를 구했는데 왜 소용이 없었을까? 항공편이 취소되면 승객들의 마음에는 압박감과 걱정이 차오른다. 이러한 감정은 쏟아부을 곳이 마땅치 않고 시간이 지남에 따라 불안하고 초조해진다. 그래서 매우 폭력적으로 변한다.

이때 가장 먼저 해야 할 일은 냉정을 되찾는 것이다. 승객들은 자신의 이야기를 들어주거나 화를 식혀줄 대상이 필요하다. 일단 게이트 앞을 잠시 걷게 하는 것으로 주의력을 분산시키는 것도 좋은 방법이다. 핵심은 아무 말도 듣지 않겠다는 승객의 마음을 돌려놓은 다음 소통을 이어가는 것이다.

하지만 승무원은 무표정한 얼굴로 응대했다. 겉으로는 사과하는 듯 무릎을 꿇었으나 실제로는 '우리도 답답한 건 마찬가지예요. 우리 잘못도 아닌데 이렇게 뒤처리하고 있잖아요!'라는 메시지만 전달한 셈이다. 승객의 진심을 돌보지 않는 서비스는 갈등만 심화시킬 뿐이다. 더군다나 무릎을 꿇는 행동은 적절하지 못했다. 오히려 소리 없는 저항으로 보인다. 갈등을 첨예하게 만든 것 이상 아무런 효과가 없다. 대화할 때 부정적인 정서의 에너지로 다른 부정적인 정서를 해결하려 한다면 아무런 소용이 없다. '불 난 집에 기름을 들이붓는' 격이 되고 만다.

공격적 정서, 가장 먼저 온도를 낮추라

눈에는 눈, 이에는 이로 보답하는 소통은 오기만 부른다. 문제를 해결할 방법이 없을 때 쉽게 폭발하는데 그 부작용은 말할 수 없이 크다. 신뢰가 깨지고 관계가 무너지며 회복 불가능의 사태로 이어진다. 상대의 공격적 반응에 대한 가장 적절한 대응은 격양된 온도를 낮추는 것뿐이다.

똑같이 항공편이 지연된 상황이라도 고객의 정서를 잠재울 방법은 얼마든지 있다. 먼저 고객이 조급해하지 않도록 유도해야 한다. 웃는 얼굴에 침 못 뱉는 것처럼 30여 명의 승무원은 승객의 질문에 친절하게 답변해주고 차를 따라주거나 무료 식사를 나눠줄 수 있다. 승객의 주의를 분산시키기 위해 공항 측은 여객터미널의 텔레비전 광고를 영화나 TV 프로그램으로 돌려줄 수 있다. 또 신문이나 잡지를 배치해 고객들이 열람하도록 제공하면 좋다. 일부 감정이 심하게 격해진 승객은 승무원이 따로 데려가 문제를 처리하도록 한다. 아이들의 우는 소리 역시 특별히 관리해야 한다. 승객의 정서가 다소 잠잠해지면 그때부터 소통을 다시 시작하면 된다.

◆ 심사형 사분면 : 기분 전환을 유도한 다음 얘기하라

이제 갓 대학을 졸업 P가 회사에 취직했다. 어느 날 잔뜩 울상이 된 P가 선배에게 억울함을 토로했다.

"매번 비용 청구를 할 때마다 우리 팀장은 왜 그렇게 까다롭게 구는지 모르겠어요. 비용이 초과된 것도 아닌데 꼭 지출이 너무 많다면서 결제를 안 해준다니까요. 물건을 살 때는 여러 군데를 비교해본 뒤 구매하는데 항상 비싸다고 핀잔을 주면서 환불하라고 해요. 그러다가 다른 물건을 알려주면서 저더러 더 싸게 구매할 순 없는지 판매자와 협의를 해보래요. 진짜 왜 그러는지 모르겠어요!"

선배는 그녀를 자리에 앉게 하고 물을 따라 주었다. 그녀의 화가 가라앉길 기다렸다가 물었다.

"보통 언제 결재를 받으러 가는데?"

"회의가 끝나면요. 평소에는 얼굴 보기 힘들거든요. 아니면 출근하자마자 바로요. 결재가 빨리 나면 정산을 빨리할 수 있고 저도 빨리 일을 끝낼 수 있잖아요."

선배가 웃으면서 질문을 계속했다.

"결재받기 전에 팀장의 기분이 어땠는지는 잘 살펴봤어?"

그녀는 잠시 멍하니 앉아 있다가 의아한 표정으로 대답했다.

"결재를 받으러 가는데도 상사 기분을 살펴야 해요?"

이제 막 회의를 마친 상사의 기분은 어떨까? 대면하지 않아도 실적과 관리에 대한 스트레스가 이만저만이 아닐 것이라고 짐작된다. 그런 상황에서 비용 청구에 관한 일을 얘기하고 아침 출근길부터 돈 쓰는 일에 관한 얘기를 했으니 거절당하는 건 어쩌면 당연한 일 아닐까?

부정적인 정서와 맞닥뜨릴 필요는 없다

심사형 사분면에 있는 사람과 대화를 나누는 건 쉽지 않다. 상대의 기분을 알아내기 어려울 뿐만 아니라 부정적인 정서가 포진하고 있어서 무슨 말을 해도 인정받기 힘들기 때문이다.

만일 심사형 사분면에 해당하는 대화 상대가 갖은 트집을 잡으려 하거나 우울한 모습을 보일 때는 곧바로 대응하지 말고 잠깐 숨을 돌려보자. 상대가 짜증을 내거나 답답한 정서일 때 강제로 대화를 이어가는 건 바람직하지 않다. 상대의 사분면이 공격형 사분면으로 변해 소통은 한층 더 힘들어진다. 시합에서 우승하지 못해 절망하고 있는 아이, 상사에게 심한 질책을 당한 뒤 퇴근해서 집으로 돌아온 배우자, 낮은 실적으로 직원에게 불같이 화를 낸 상사에게는 할 말이 있더라도 물러설 줄 알아야 한다. 하루를 미루더라도 그들의 기분이 가라앉은 후에 대화를 진행하는 것이 좋다.

때와 방식에 주의를 기울이는 것은 심사형 사분면의 사람과 대화할 때 매우 중요한 부분이다. 만약 당장 처리해야 하는 급한 일이 있다면 분위기를 부드럽게 만든 다음 따듯한 어조와 표정으로 상대의 입장과 마음을 헤아려주자. 대면하지 않고 메시지나 메일을 전송하는 것도 좋은 방법이다. 소통의 결과를 위해 상대의 부정적인 정서를 잘 비켜 가는 것 또한 유용한 방법이 된다.

◆ 활달형 사분면 : 지나친 기쁨은 비극을 낳는다

'범진중거范進中擧'에 얽힌 이야기가 있다. 연거푸 과거에 낙방하던 범진范進이라는 사람이 마침내 과거에 급제했다. 너무 기쁜 나머지 웃으며 날뛰다가 미친 사람처럼 정신이 나가고 말았다. 그는 가장 무서워하던 장인어른에게 뺨 한 대를 세차게 얻어맞은 후에야 제정신으로 돌아왔다. 인생이란 게 참 묘해서 기회를 잃었다고 포기해서도 안 되고, 잘됐다고 득의양양해서도 안 된다. 좋은 일이 일어났다면 다시 넘어지지 않기 위해 스스로 달래고 조심해야 한다.

흥분된 정서를 가라앉히고 얘기하자

활달형 사분면은 열정과 패기, 에너지가 넘친다. 열정에는 경계가 필요한데 지나치게 들떠있으면 이성을 잃을 수 있다. 과도하게 흥분한 상태에서 무턱대고 긍정적으로 변하거나 매우 충동적으로 행동한다. 활달형 사람은 어떤 일이든 먼저 자신을 진정시킨 후 무언가를 결정해야 한다.

◆ 이성형 사분면 : 마음만 맞으면 일은 성사된다

- 마음이 편안하고 포용적이다.
- 생각이 넓어지며 열린 자세가 된다.

- 열린 신체 언어를 사용하며 몸도 편안해진다.
- 다른 사람의 말을 끊는 것이 아니라 더 경청하게 된다.
- 상대를 따뜻하게 대하며 인정해준다.

마음과 성격 수련으로 정서를 자유자재로 운영하라

미국의 심장병 전문가 프리드먼과 로즈만 박사는 경쟁심리가 강한 성격의 사람이 훨씬 더 효율적으로 일한다고 했다. 자기에게 높은 기준을 적용하며 오랜 시간 긴장된 바이오리듬(공격 상태)을 유지하면서 살아간다는 것이다. 그는 이들을 'A형 인격'으로 분류하고 특징을 정의했다. '해야 할 일이 산더미지만 모두 다 해낼 시간이 없다', '반드시 목표를 달성해야 한다. 그중에 중요하지 않은 일은 하나도 없다'라는 사고에 지배당하는 사람들이다. 긴장감과 압박감, 걱정이 몸과 마음을 지치게 만들고 개인의 성격에도 깊은 영향을 준다. 그로 인해 심혈관 질환이 발생한다는 것이다.

또 다른 'C형 인격'의 사람 역시 강렬한 압박감에 시달린다. 이들에게는 억압과 분노가 두드러진다. 절망과 비관적인 정서에 자주 압도되어 생리적인 기제에 엄청나게 부정적인 에너지로 공격을 가한다. 그로 인해 질병이 유발된다.

우리는 마음과 성격을 수련하여 신체 건강을 유지해야 한다.

그래야만 여러 정서를 자유자재로 전환하며 자신을 위한 자원으로 활용할 수 있다. 평온하고 풍족한 정서적 상태와 긍정 에너지를 채워야 건강한 삶이 이어진다.

정서 전환 실전 연습 노트

평소 자신의 소통 방법을 표에 맞게 정리해보자.

대화 중 긍정 에너지를 강화하는 행동은?

대화 중 부정적 에너지를 줄일 수 있는 행동은?

대화 중 긍정 에너지를 없애는 행동은?

대화 중 부정적 에너지를 키우는 행동은?

실전 9 · 거절의 심리전

불쾌한 대화를 유쾌하게

아니요'라고 말하지 못하는 사람은 '네'라고도 말하지 못한다.

아니라고 말하고 싶지만 입을 열기 어려운 사람들

우리는 남의 부탁 앞에서 거절하지 못하는 이유를 찾아 자신을 합리화한다.

- 그 사람이 상처받을까 봐 걱정이다.
- 갈등이 일어나지 않는 평온한 상황이 좋다.

• 한 번만 참으면 파도가 잠잠해진다. 한발 물러서면 바다와 하늘이 내 것이 된다.

하지만 '아니요'라는 말을 하지 않으면 결국 누군가에게 상처를 주고 감정을 상하게 만든다. 충돌과 갈등이 싫다고 언제까지고 피해 다닐 수는 없다. 좋은 사람, 인정 많은 사람이라고 자기 입장을 포기해야 할까? 솔직히 말하자. '아니요'라고 말하지 못하는 건 다른 사람의 눈치를 보는 것이다.

◆ 타인의 수용 능력을 저평가하지 마라

거절이 상대에게 상처를 준다고 생각하면 무거운 죄책감에 시달린다. 특히 정서적으로 가까운 관계라면 상대의 감정에 지나치게 신경 쓰느라 자신이 일방적으로 양보하고 희생하고 물러난다. 하지만 이는 상대가 자기 문제를 책임질 기회를 빼앗는 것이다. '아니요'라고 거절하지 못하는 이유는 상대의 역량이 부족하다고 믿거나 수용 능력을 저평가하기 때문이다. 타인에게 자기의 잣대를 들이대는 것과 같다.

◆ 부정적으로 환경을 평가하지 마라

자신의 거절 때문에 업무 분위기나 관계 회복이 어려운 상황에 봉착하는 건 아닌지 염려한다. 그로 인해 거절하지 못하고 힘에 부치는 일을 하다가 오히려 일을 추진하는 데 나쁜 영향을 주게 된다.

거절하기 전에 환경을 지나치게 부정적으로 평가하지 말자. 집단 지성의 힘을 간과해서는 안 된다. 어디에 리스크가 존재하는지, 왜 그들의 의견에 동의할 수 없는지, 받아들이지 못하는 부분은 무엇인지 등 자신의 솔직한 생각을 정리해야 한다. 거절이 일을 그르치지 않는다. 오히려 노력해서 더 나은 방법을 찾아낼 길을 열어준다.

◆ 자기 운명을 다른 사람 손에 넘기지 마라

거절하지 못하는 사람은 자기 내면의 소리를 들어야 한다.

"상사의 의견을 거절했다고 불이익당하면 어떡해?"

"잔업 싫다고 했다가 일자리를 잃으면 어떡해?"

"이 일은 불가능하다고 거절했다가 다음에 그 팀에서 업무 협조를 안 해주면 어떡해?"

"고객에게 안 된다고 말했다가 소비자센터에 고발당하면 어떡해?"

내면의 걱정은 거절할 용기가 없다기보다 자신에게 손해나 상처가 돌아올까 봐 두려운 마음이다. 손실과 상처의 이면에는 '이 말을 안 들어주면 틀림없이 내게 나쁜 영향이 돌아올 거야.'라는 생각이 지배적이다. 그래서 순순히 말 잘 듣는 착한 아이처럼 받아들인다. 자기 운명을 고스란히 다른 사람 손에 넘겨주는 꼴이다. 진정으로 자기 인생을 책임지고 싶다면 거절에 용기를 내야 한다. 득실과 선택, 책임과 원칙은 모두 자신이 짊어져야 할 결과이다. 내면의 소리에 귀 기울이고 걱정과 염려는 선택과 결과에 책임질 때 떨쳐버릴 수 있다고 자신을 다독이자. 그럼 '아니요'라고 말하지 못해 자괴감이 드는 일이 사라질 것이다.

◆ 갈등이 무섭다고 자기 입장을 포기하지 마라

비즈니스나 직장의 업무, 일상의 사소한 일에는 협상이 필요하다. 협상은 일을 진전시키기도 하지만 갈등의 여지도 가지고 있다. 갈등을 두려워하는 사람은 자기 의견이나 주장을 고수하지 못한다. '관계를 망칠까 봐', '실패할까 봐', '일을 성사시키지 못할까 봐' 남의 의견을 따라간다. 과거에 가정이나 일상에서 관계의 충돌을 경험한 사람들은 본능적으로 갈등을 회피하려는 경향을 보인다. 하지만 관계에서 갈등은 지극히 정상적인 일이다. 갈등의 원인을 찾고 원만하게 해결하면 오히려 서로에게 득이 된다.

◆ 자기 의견을 표현하는 방법을 익혀라

지나치게 엄격하고 무서운 부모 밑에서 자란 사람은 '아니요'라고 말했을 때 성공한 경험이 없다. 그래서 자기 생각을 드러내지 못하고 순응하는 경향이 있다. 자신은 의견도 없고 원하고 바라는 게 없다는 원칙을 정하고 살아간다. 원하고 바라는 게 없으면 고집할 부분이 없으니 자연스럽게 상대와 부딪힐 일이 없고 거절할 일도 사라진다. 반대 의견을 내고 싶어도 그 방법을 모르므로 포기한다. 그로 인해 자기가 진정으로 원하는 게 무엇인지, 본인의 삶의 원칙은 무엇인지, 한계는 무엇인지 알지 못한다.

'아니요'라고 말해도 세계의 종말은 오지 않는다. 오히려 거절하지 못하는 사람이 자존감이 낮아지고 스스로 자신을 인정하지 못하는 결과를 맞는다. 마음을 열지 않으면 '아니요'라는 말도 용감하게 내뱉을 수 없다. 처음 한 번이 어렵다. 연습을 통해서라도 자기 의견을 용감하게 표현하는 방법을 익혀야 한다.

불쾌한 대화를 유쾌하게 하는 법

사람들은 어렵게 부탁한 만큼 거절을 이해하지만 어쩔 수 없이 실망하고 배신감을 느낀다. 따라서 '아니요'라고 말할 때는 주의를 기울여야 한다. 상대의 기분을 풀어주고 불쾌한 대화를 유쾌하게 바꾸는 요령이 필요하다.

◆ 실망의 정서를 응원하자

스스로 책임져야 할 일을 누군가 대신해주면 그들은 영원히 성장하지 못한다. 그들은 자신에게 무슨 일이 닥치면 의지할 누군가를 찾아 나선다. 이런 사람의 요구를 거절하지 못하면 영원히 당신에게 기댈지 모른다. 그러니 거절에 조금 단호해야 한다. 기대와 실망의 눈빛을 보내는 그들을 다독일 줄 알면 문제는 쉬워진다.

포기하지 않는다

차가운 거절은 자신감이 부족하고 버티는 능력이 부족한 사람에게 좋지 않은 결과를 가져온다. 반면에 따뜻한 격려의 말은 여러 상황을 호전시킨다. "어쩜 그렇게밖에 생각 못 해?", "나도 이제는 신경 안 쓸 거야."라는 말에는 냉기가 돈다. 이런 말을 하려거든 입을 닫고 가만히 등만 다독여주는 게 낫다.

당신의 믿음을 보여준다

"넌, 문제없어."라고 말해주면 그들은 힘을 낸다. 아주 사소한

증거라도 보여주며 그들 스스로 충분히 해낼 수 있다는 걸 알려주자. 몇 가지 제안으로 그들이 일을 처리하는 데 자신감을 가질 수 있도록 유도하면 실망하지 않는다. 시작 전 준비단계를 지원해주는 것도 그들을 위한 신뢰를 보여주는 길이다.

부드럽게 견지한다

한계에서 물러서지 말고 태도는 따뜻하게 유지하라.

◆ 분노하는 사람을 잠시 기다려주자

반드시 자기가 말한 대로 해주기 바라는 사람이 있다. 이들은 상대가 자기 뜻대로 움직여주지 않으면 심하게 화를 낸다. 똑같이 화로 맞대응하면 상대의 감정을 한층 악화시키는 꼴밖에 되지 않는다.

화를 식혀준다

정서의 폭발은 폭풍우처럼 격렬하지만 계속 지속될 수는 없다. 만일 상대가 잔뜩 화가 난 상태라도 당신이 기름을 붓지만 않으면 이내 잠잠해진다. 성격이 강한 사람은 대부분 인내심이 부족하다. 등등한 기세도 한풀 꺾일 때가 있다. 그때까지 그들을 무시하거나 냉정하게 대하라는 게 아니다. 상대를 존중하는 자세로 조용히 기다려주라는 뜻이다.

지난 일을 들먹이지 않는다

정서의 거센 폭풍우가 한바탕 몰아치고 난 뒤에는 문제 해결의 기반이 마련된다. 이때 상대에게 다시 그 일을 상기시키면 안 된다. "방금 당신이 …라고 했던 말, 정말 기분 나빴어."라는 말은 꺼져가는 격노의 불씨를 되살리는 격이다. 차라리 아무 일도 없었던 것처럼 행동하라. 전혀 다른 이야기를 꺼내도 된다. 불처럼 화를 내던 상대를 아주 교양 있는 사람 대하듯 하고 거절을 하되 적대감 없이 평온하게 대하도록 하라.

◆ '대립'하는 사람은 인정해주자

직장에서는 부서별로 업무 분담이나 이해관계로 대립 구도가 형성되기도 한다. 당신이 이런 상황이라면 상대를 인정해주면서 거절해야 한다.

의견이 일치하는 문제부터 출발하기

미국 렌슬러공과대학의 실험에서 부당한 질책은 직장인의 인간관계를 심각하게 파괴하고 업무 충돌을 일으키는 주요 원인이라고 밝혀졌다. 그 파괴력은 상대를 향한 의심이나 성격 차이,

권력 충돌과 같은 갈등보다 훨씬 심각하게 드러났다. 상대에게 반대 의견을 제시할 때 “당신은 왜 그런 식으로….”, “당신이 틀렸어요.”라고 말문을 열면 안 된다. 적개심만 유발되기 때문이다. 상대를 설득시키고 싶다면 먼저 의견이 일치하는 문제를 반복적으로 강조해야 한다. 의견이 다른 문제를 고집하거나 상대의 관점을 비하해서는 안 된다. “당신의 그 부분은 저도 인정해요.”, “이 부분은 우리가 생각이 일치하네요.”라고 대화를 시작하자.

상대의 입장 고려하기

어느 철학자는 “자기 잘못을 볼 때만 확대경을 사용하고 남에게는 정반대의 방법을 사용해야 한다. 그래야 자신과 남의 잘못을 공정하게 비교하고 평가할 수 있다.”라고 말했다. 성경에도 먼저 자기 눈의 들보를 보고 형제의 눈에 든 티끌을 빼내게 하라고 적혀 있다.

거절하기 전에 자신을 객관적으로 알아야 한다. 그리고 거절하는 이유가 마땅한지 분석하고 상대의 생각과 감정을 최대한 경청하자. 그의 입장을 충분히 이해해야 거절의 합리적인 판단이 이루어진다. 그런 다음 솔직하게 생각을 나누고 서로 해결책을 논해야 한다.

체면을 중시하는 사람에게 완곡하게 말하기

미국의 심리학자 릭 로빈슨Rick Robinson 교수는 "사람은 본인의 생각이 틀렸다는 걸 발견하면 자연스레 수정한다. 그러나 많은 사람 앞에서 잘못을 지적하면 자기 의견을 고집하게 된다. 심지어 자신을 보호해야 한다는 생각에 화를 내기도 한다. 생각 자체가 옳아서가 아니라 자존심에 상처를 입었기 때문이다."라고 말했다. 여러 상황에서도 자신을 지키고 자존감을 높이려면 완곡하게 거절하는 법을 배워야 한다.

완곡한 거절은 상대의 '체면', '감정', '자존심'을 돌아본다는 뜻이다. 거절하기 전에 반드시 자신의 말투와 표정, 말하는 장소와 시기를 고려해야 한다. 상대의 감정을 존중해주며 거절해야 일을 순조롭게 추진하는 데 도움이 된다.

◆ 흥분한 사람은 잠잠해질 때까지 기다리자

예비 신랑이 결혼식 당일에 신부를 태우고 예식장으로 가겠다고 말했다. 부모는 펄쩍 뛰면서 반대했다. "면허 딴지 얼마나 됐다고 그러니. 아직 초보운전이잖아. 절대 안 돼!", "차도 빌린 거잖니. 차에 대해 잘 알지도 못하면서. 절대 안 돼!" 본인의 계획이 틀어진 예비 신랑은 잔뜩 화가 났다.

흥분으로 가득 차 있는 사람을 대할 때도 잠시 기다려주어야 한다. 직접 차를 빌리고 실제 운전하기까지는 시간이 남아 있다. 그러니 단칼에 거절하기보다 흥분이 좀 가라앉은 다음에 의논하는 것이 좋다.

거절은 지금 당장 그 효과를 봐야 하는 게 아니다. 작은 불꽃 하나가 점차 큰불을 이루듯 그 과정을 기다려주는 것도 거절의 매력이다.

◆ 원칙을 침해하는 사람에게는 직접적으로 말하자

권익이나 한계, 원칙을 침해하는 사람에게는 직접 '아니요'라고 말해야 한다. 직접 말한다고 웅장한 포부로 임해야 하는 건 아니다. 평온하고 담담하게, 진지한 표정과 확실한 신체 언어 혹은 무언의 침묵으로도 얼마든지 가능하다.

하지만 사이버 인신공격이나 학교폭력, 사무실 내 따돌림 등 직접 말하기 힘든 침해는 상사나 조직, 언론이나 사법기관의 힘을 과감하게 빌려야 한다. 그래야만 효과적인 보호책이 마련된다.

한계선 정하기 실전 연습 노트

'아니요'라고 말하기 곤란했던 일을 떠올린 뒤 다음의 '한계선 제도'에 표시해보자.

0	1	2	3	4	5	6	7	8	9	10
완전 타협										완전 거절

완전 타협을 0, 완전 거절을 10이라고 했을 때 1에서 9점까지는 각각 어떤 상태를 대변하는가. 점수별 상황에서 내가 할 수 있는 표현을 적어보자.

실전 10 · 가치관 충돌 해소 법칙

대세에 휩쓸리지 마라

> 가치관을 바꾼다는 건 그 사람의 모든 경험과 기억, 체험을 송두리째 바꾼다는 걸 의미한다. 당신은 그것이 가능하다고 생각하는가? 그것만이 가장 좋은 선택인가?

어느 기업의 트레이닝 기관에서 10명의 신입사원을 대상으로 설문했다.

문제 1 : 당신을 제외한 나머지 9명의 인상을 말해보세요.

문제 2 : 10분 이내로 그 사람들의 단점을 5개씩 말해보세요.

30분이 지나 응답자들은 한곳에 모였다. 그곳에서 설문에 응답한 내용을 공유하라는 지시가 떨어졌다. 그들은 멋쩍어하며 다른 동료에 대한 자기 생각을 말했다.

"이기적임, 다른 사람을 배려하지 않음, 공격적임, 냉정함, 잘 웃지 않음 등."

냉정한 평가 앞에서 일부 신입사원은 울음을 터뜨렸고, 어떤 신입사원은 상대방의 평가에 반격을 가하기도 했다. 점심시간이 되자 몇몇이 조퇴했고 일부는 사직서를 제출했다. 어쨌거나 10명 가운데 회사에 남은 사람은 아무도 없었다.

사회 초년생으로 누릴 입사의 기쁨이 순식간에 무산된 것이다. 이런 설문을 진행한 회사의 대표는 "다른 사람이 판단하는 평가는 매우 중요하며 자기 단점을 알아야만 성장할 수 있다."라고 말했다. 그가 자신의 가치 기준에 따라 행동하고 얻은 결론은 '요즘 젊은이들은 너무 나약하고 안타깝다.'라는 생각이었다. 이에 신입사원들은 행동으로 대항한 것이다. 그들의 가치 기준에 따라 얻은 결론은 '이 회사는 다닐 수 없다. 회사 대표가 정신 나간 사람이다.'라는 생각이었다.

모든 사람은 다르다

가치관은 사물을 판단하는 내면의 기준이다. 좋고 나쁨, 맞고 틀림, 아름답고 추함, 선과 악을 측량하고 판가름하는 데 가치관이 적용된다. 태도와 행위뿐 아니라 대화 방식에도 영향을 준다.

가치관은 무의식에 숨어 있는 '행위 준칙'이나 '인생의 좌표'이다. 성장하면서 경험의 축적과 지식과 정보, 지혜가 융합되어 이루어지는데 한 번 형성되면 쉽게 바뀌지 않는다. 가치관이 있기에 인류는 삶의 희로애락을 공유하며 각자의 인생을 살아간다. 대화를 나눌 때도 가치관이 달라 동일한 문제를 바라보는 시각 차이가 생긴다. 물론 이로 인해 갖가지 충돌과 마찰이 일어난다. 극복할 수 없는 대립 구도를 이루거나 앙숙이 되는 이유도 가치관이 다르기 때문이다.

◆ 마음속의 어휘 골라보기

미국의 심리학자 밀턴 로키치M. Rokeach는 궁극적 가치와 수단적 가치라는 두 가지 가치체계 이론을 발표했다.

궁극적 가치

사람이 꿈꾸는 이상적이며 궁극적인 상태와 결과이다. 평등,

자유, 행복, 향락, 자존, 지혜, 성취감, 가정의 안정, 내면의 평온, 사회적 인정, 성숙한 사랑, 진정한 우정, 영혼의 구원, 편안하고 즐거운 삶, 평화롭고 아름다운 세상 등

수단적 가치

이상적인 궁극의 상태에 도달하기 위해 취하는 행위 방식이다. 성실함, 독립, 애정, 순종, 유쾌함, 정갈함, 용기, 자기 통제, 인애, 포부, 재능, 교양, 이성, 논리, 책임감, 상상, 넓은 마음, 베풂 등

먼저, 떠오르는 가치들을 무작위로 종이에 적어보자. 모두 적었으면 그것들을 궁극적 가치와 수단적 가치로 분류해보자. 그 중에서도 내가 가장 좋아하는, 가장 마음이 가는, 자신과 가장 부합하는 단어를 3~5개 정도 골라보자. 지인이나 가족, 친구에게도 똑같이 해본 다음 그들과 생각을 나눠보자. 비슷한 단어를 고른 사람이 있다면 지나온 인생의 과정에서 어떤 장면이 떠올랐는지, 그리고 그것이 삶과 일에 어떤 영향을 주는지 이야기를 나눠보자.

◆ 중대한 사건 떠올리기

인생의 경험은 가치관 형성에 거대한 영향을 미친다. 조용한 곳을 찾아 지나온 삶을 떠올려보자. 가장 큰 성취감을 주었던 일과 가장 큰 아픔을 겪은 일 중에 3가지씩을 떠올려보고 당시의 상황까지 연계해 생각해보자. 그리고 경험과 감정을 핵심 단어로 정리하자. 그 어휘에 어떤 의미가 내포되어 있는지 깨달아야 한다.

"성취감과 행복을 느낀 이유가 무엇인가?"

"아픔을 겪고 얻은 교훈은 무엇인가?"

"그 아픔을 이겨내도록 도운 신념은 무엇인가?"

◆ 행위를 통해 관찰하기

자신이 어떤 물건을 사용하는지, 뭘 구매하는지, 어떤 책을 읽는지, 어떤 사람을 사귀는지, SNS에 무슨 글을 올리는지, 어떤 채널을 구독하는지, 친구목록엔 누가 있는지, 어떤 식으로 일을 처리하는지, 일을 대하는 태도는 어떠한지, 상사를 어떻게 대하는지 등을 보면 그 사람의 가치관을 알 수 있다.

모 항공사에서 비즈니스 클래스의 서비스 품질을 높이기 위해 승객을 암호로 분류했다.

'관官' 카테고리에 들어가는 승객은 정계 인사들로 서비스를 받을 때 사적인 경계를 중시하는 경향이 있다. 그들은 말이 적고 목소리가 낮으며 수행원이 있다. '상商' 카테고리에 해당하는 승객은 기업가들로 서비스에서 전문성과 효율성, 값어치를 중시한다. 깔끔하고 정갈한 옷차림을 하고 걸음이 빠르다. 대화 시 결과가 있어야 좋아한다. '성星' 카테고리에 해당하는 승객은 연예인이나 인플루언서로 독특한 느낌과 개성을 중시한다. 남들과 다른 스타일링을 하며 프라이버시를 중시한다.

훌륭한 승무원은 이러한 매뉴얼을 잘 습득해서 승객이 비행기에 탑승할 때 한눈에 알아보고 서비스 태도를 조절한다. 그들에게 보여주는 첫 미소와 인사부터 차별화해 드러내는 것이다.

◆ 감정의 신호 포착하기

일대일로 소통해보면 한눈에 알아보기 쉬운 정서와 감정을 가진 사람을 발견할 수 있다. 상대를 배척하거나 큰 호감을 보이는 등 감정이 매우 명확한 사람들이다. 정서적 동요가 분명할수록 그들의 가치관이 보인다. 여기에 맞춰 대화를 이끌어가면 좋다.

카페에 몇몇 친구들이 모여 최근 이슈가 된 뉴스에 관한 이야기를 나누고 있다. 십여 명의 버려진 아이를 입양해서 키운 노부부가 이야기다. 노부부는 어렵게 학비를 마련해 학교에 보내주고, 때론 관련 부처의 지원을 받아 아이들의 병까지 치료해주었다. 노부부와 아이들은 방 세 칸짜리 집에서 넉넉진 않지만 복닥거리면서 즐거운 삶을 살았다.

이 뉴스를 접한 사람들의 반응은 달랐다. 노부부를 이해하지 못하는 사람들은 "대체 왜 사서 고생을 하는 거야? 그럴 거면 자기 손주들이나 봐주지? 이해가 안 돼."라는 반응을 보였다. 반면 그 이야기를 듣고 노부부의 연락처를 알아내 후원금과 메시지를 보내 힘을 보태는 사람도 있었다. 그런 반면 객관적이고 중립적인 태도를 보이는 사람들도 있었다. 그들은 관련 부처에서 아이들을 복지원으로 데리고 가 더 좋은 교육을 제공해주고 법적 지원을 해야 한다고 말했다.

개인의 정서 배경에는 그 사람의 가치 기준이 있다. 사례에서처럼 하나의 사건을 접하고 보인 반응을 보면 그들이 가장 중시하는 게 무엇인지 알 수 있다. 향후 유사한 일이 일어났을 때 그들이 보일 반응도 가늠해볼 수 있다.

◆ 경계 1 : 각자의 길을 걷는 사람들

본인의 가치 취향을 정확히 이해해야 한다. 취해야 할 것과 버려야 할 것을 분명히 알아야 취사선택이 가능하다. 자신이 어떤 사람과 쉽게 가까이 지내는지, 어떤 사람에게 본능적인 거부감을 느끼는지 예민하게 관찰해보자. 가치 취향이 비슷하거나 맞는 사람과 함께할 때 즐겁고 편안하며 갈등과 마찰이 줄어든다.

최근 인터넷에 올라오는 구인광고를 살펴보면 유행하는 양식이 있다.

- 친절하고 믿을 만한 오너
- 화목한 팀 분위기
- 정규직 비정규직 구분 없는 넉넉한 대우
- 빠르게 성장 중, 발전 공간이 매우 넓음

이런 구인광고가 인기를 끄는 것은 사람들이 이런 직장을 선망하기 때문이다. 요즘 사람이 바라는 가치에 사람들이 호응하는 것이다. 근거 없는 미사여구로 현혹하는 게 아니라는 말이다. 물론 필요한 인재를 구하면서 기업을 홍보하는 일거양득의 실효를 거두려는 기업의 계산도 깔려 있다. 하지만 사람들이 원하는 가치에 맞지 않으면 의미 없는 광고가 되고 만다.

안정적인 것을 좋아하는 사람이라면 빠른 업무 속도를 부담스러워한다. 인간관계에 비교적 거부감을 느끼는 사람이라면 해당 구인광고에 별 매력을 느끼지 못할 것이다. 이런 사람들이 해당 기업에 입사하면 매일 업무에 치이고 가치관의 충돌 피할 수 없다.

◆ 경계 2 : 남을 따르되 나를 지키는 사람들

W 교수는 감성지수에 관한 책을 집필 중이었다. 책에는 잘 짜인 논리 구조, 상세한 이론 분석과 사례 적용, 자세한 원인 및 결과 분석이 들어가 있다. 과학의 논리성과 근본적 원인 분석, 관련 지식에 대한 설명과 현상에 대한 심오한 분석은 그가 지금껏 견지해온 학술적 방향이기도 하다. 하지만 출판사 편집자와 만난 자리에서 원고의 방향성을 지적받았다. 편집자는 실용성과 효율성, 독자들의 수요와 반응을 더 중시했다. 원인 분석보다는 솔루션에 더 집중해달라는 요구였다.

처음에는 둘 사이의 이견이 좁혀지지 않았다. 수차례 협상과 반복된 타협을 거쳐 W 교수는 조금 가벼운 어휘와 시선을 사로잡는 제목, 대중적인 예화와 적절한 삽화를 사용해 독자들의 가

독성을 높이는 걸 수용했다. 동시에 문제의 본질에 대한 분석은 놓치지 않으면서 일회성 제안이나 5분 해결법 같은 수박 겉핥기식의 답은 제시하지 않았다.

수정본을 받아본 편집자는 교수의 노고에 고마워했다. 이제는 편집자의 "조금 더 내려놓으세요."라는 말을 들어도 W 교수는 적개심을 보이지 않았다. 마찬가지로 "본질이 뭐죠?"라는 교수의 질문에 편집자도 머리가 아프지 않았다. 이는 서로에게 도움이 되고 조화로운 표현의 길을 찾은 W 교수 덕분이었다. 그는 상대의 의사를 존중하면서 자기를 버리지 않았다.

◆ 경계 3 : 화이부동和而不同하는 사람들

어느 심리상담사가 미소를 머금은 채 실험 참가자들에게 "지금부터 설문을 진행하겠습니다. 여러분은 그냥 솔직하게 대답해주시기만 하면 됩니다."라고 말했다. 참가자들은 설문지를 살펴보았다.

1. 그는 그녀를 매우 사랑한다. 그녀의 뚜렷한 이목구비와 풍성한 속눈썹, 하얀 피부와 미모는 사람의 마음을 사로잡을 정도로 매력적이었다. 하지만 불행히도 교통사고를 당한 여자는 얼굴을 크게 다쳤다. 수술을 했지만 얼굴에 커다랗고 흉한 수술 자

국이 남았다. 그는 여전히 그녀를 사랑할 수 있을까?

A. 당연히 사랑한다

B. 당연히 사랑하지 않는다

C. 사랑할 수도 있다

2. 그녀는 그를 매우 사랑한다. 비즈니스 업계에서 알아주는 엘리트인 그는 우직하고 강단 있게 계획한 일을 실행한다. 하지만 어느 날 그의 기업은 부도가 났다. 그녀는 여전히 그를 사랑할 수 있을까?

A. 당연히 사랑한다

B. 당연히 사랑하지 않는다

C. 사랑할 수도 있다

첫 번째 질문에는 A 10%, B 10%, C 80%, 두 번째 질문에는 A 30%, B 30%, C 40%의 결과가 나왔다.

"여자의 얼굴이 망가지는 게 남자가 파산했을 때보다 더 받아들이기 힘든 결과인가 봐요!"

설문 응답자들의 말에 심리학자가 웃으며 되물었다.

"이 두 문제를 풀 때 여러분은 무의식적으로 두 사람의 관계를 연인관계로 설정하셨나요?"

"네."

"그런데 질문 자체에는 그들이 연인관계라는 설명이 없어요."

심리학자는 심오한 눈빛으로 응답자들을 쳐다보았다.

"자, 그럼 지금 한번 가정해봅시다. 만약 첫 번째 질문에 등장한 남자가 그녀의 아버지라면, 두 번째 질문에 등장한 '그 여자'가 그의 어머니라면 여러분은 어떤 대답을 선택하실 건가요?"

부와 아름다움을 좇는 것은 개인의 가치관에 따라 다르다. 사랑 역시 가치관이 좌우한다. 수단적 가치를 중시하면 자신의 필요와 기준을 먼저 따진다. 궁극적 가치에 가까워질수록 더 포용적으로 수용한다.

수단적 가치관을 가진 사람은 행위 기준도 수단적이다. 시작은 그들과 함께할 수 있지만 역경(외모가 망가짐, 파산)을 만나면 어디론가 사라진다. 함께 행복과 번영을 누린 사이라도 마음에 분열이 일어나는 것은 피할 수 없다. 반면 궁극적 가치관을 지닌 사람은 행동도 일치하기 때문에 더 깊은 차원의 연계를 이루게 된다. 자식을 향한 부모의 사랑이 세상이 변한다고 바뀌는 게 아닌 것과 마찬가지다.

관용적인 사람은 많은 사람과 조화롭게 어울린다. 사랑과 존중, 겸손과 같은 궁극적 가치를 지녔기 때문이다. 인간관계에서 가장 귀하면서도 행하기 힘든 경지가 사람들과 어울리면서도 자기를 버리지 않는 '화이부동'의 경지다. 이 경지에 오른 사람은 다른 사람들과 소통할 때 마찰을 일으키지 않는다. 오히려 그들의 내면으로 들어가 함께 나아갈 길을 탐색한다.

가치관 탐색 실전 연습 노트

본문에서 거론한 궁극적 가치와 수단적 가치 중 가장 자신과 부합한다고 생각되는 단어를 3~5개 정도 골라보자. 그런 다음 나와 완전히 다른 것을 고른 친구나 동료를 찾아서 이야기를 나눠보자. 그것을 고른 이유는 무엇인지, 그러한 선택을 하게 되기까지 영향을 준 중요한 사건은 무엇이었는지 솔직하게 터놓으면 된다. 서로 다른 경험과 가치관을 이해하는 시간이 된다.

실전 11 · 제3의 길 찾기

충돌하면서 Win-Win 하는 법

> 대화를 나눌 때 우리는 상대를 설득하려고 애쓴다. 어떻게든 상대에게 '내가 옳으며' '또 내가 옳았다'는 느낌을 주는 사람이야말로 진정한 소통의 고수이다. 그러나 본인이 '옳은' 위치에 서는 순간, 상대를 '틀린' 위치로 밀어버린다는 생각은 못 한다.

시각을 전환하라, 제3의 길을 찾아보자

매일 저녁 식사 후에는 숙제 전쟁의 막이 오른다. 자애롭고 따뜻한 어머니와 효심 가득한 아들의 화면은 순식간에 고양이가 생쥐를 쫓듯 정신없는 재난 현장으로 변한다. 아이는 눈물을 훔치며 하기 싫은 숙제를 해야 한다. 화가 차올라 심장이 벌렁대는 엄마는 소파에 앉아 씩씩거리며 마음을 가라앉히려 애쓴다. 자칫 잘못하면 이 전쟁의 불똥은 부부싸움으로 번진다. 숙제가 부모와 자식 사이의 최대 살상 무기가 되어버리는 것이다.

이런 반복적 함정은 일상의 요소요소에 자리매김하고 있으며 매일 거듭되는 악순환을 이룬다. 계속되는 갈등과 마찰로 힘들다면 시각을 바꾸자. 죽느냐 사느냐의 해결법이 아니라 제3의 길을 찾아야 한다.

◆ 생쥐의 시각 : 확대경을 사용하라

생쥐의 눈에는 그릇 위에 놓인 치즈가 어떻게 보일까? 생쥐가 보는 치즈와 사람이 보는 치즈는 분명 다르다. 느끼는 맛의 차이도 엄청나게 클 것이다. 생쥐에게는 치즈에 난 구멍도 한눈에 확대되어 들어오며 치즈 덩이가 훨씬 더 크게 보일 것이다. 생쥐의 시각으로 문제를 확대해서 본다면 원인과 상황을 더 구체적으로 분석할 수 있다.

앞의 사례처럼 숙제를 지도하는 과정을 아동심리 전문가의 눈으로 본다면 아이의 숙제와 상태, 환경과 부모와의 상호작용까지 다각도로 문제 분석이 가능하다. 그리고 이에 맞춰 아이와 가정에 솔루션이 제시된다. 억지로 숙제를 시키고 아무리 습관으로 길들이려 해도 부모의 힘이 역부족일 때가 많다. 주저하지 말고 아동의 심리 상태나 아동교육, 부모와 자녀의 상호작용에 관한 공부를 하거나 전문가에게 조언을 구하자. 부모가 아이를 바라보는 편협된 시선에서 벗어나는 계기가 될 수 있다.

◆ 양치기의 시각 : 시야를 넓혀라

지금 초원에서 양을 치고 있다고 생각해보자. 손에는 가죽으로 된 채찍을 들고 저 멀리까지 떨어진 양 무리를 살펴야 하므로 매우 넓은 시야를 사용하게 된다. 모든 양을 시야에 담고 무리에서 떨어져 혼자 뛰노는 양까지도 모두 헤아리려고 노력할 것이다. 이처럼 확장된 양치기의 시각을 우리가 가지면 평소 생각지 못한 자원을 찾을 수 있다. 아이 숙제의 경우 갑자기 옆집 아이의 집은 왜 싸우지 않고도 잘해 나가는지, 동료의 딸이 이번에 명문 학교에 입학했다던데 그 집은 어떻게 공부를 시키는지, 아이를 위해 과외 선생님을 알아봐야 하는 건 아닌지 등 시야가 확장되며 문제를 해결할 자원도 덩달아 풍성하게 보인다.

◆ 헬리콥터의 시각 : 전체를 내려다보라

아이의 숙제가 삶의 전부는 아니다. 높은 곳에 올라 현재의 삶을 내려다보면 나와 비슷한 문제로 고민하는 가정이 많다는 사실을 알게 된다. 자신이 살아온 과거와 현재, 그리고 미래를 하나의 선 위에 놓으면 지금의 문제는 아주 작은 점에 지나지 않는다. 위에서 내려다보는 시각은 문제에서 벗어나 더 깊은 본질과 의의를 생각하게 도와준다. 아이와 수학 문제를 붙들고 씨름하는 것보다 아이가 좋아하는 역사 과목을 공부해보자. 또 누가 아는가? 집안에서 걸출한 역사학자가 배출될지 모를 일이다.

생각을 전환하여 흑백논리를 깨뜨리자

어느 기업의 영업팀에서 신제품 출시를 기획 중이다. 시장을 선점하려면 늦어도 이달 말까지는 신제품이 출시돼야 한다고 영업팀은 말했다. 그렇게 하면 전국 제품 박람회에 참가해 내년 주문도 미리 확보할 수 있다. 하지만 기술팀에서는 아무리 빨라도 다음 달 말쯤에나 제품의 품질 테스트를 끝날 수 있다고 했다. 당신이 기술팀과 협의를 해야 한다면 어떻게 하겠는가?

A. 기술적 문제는 어떻게든 해결할 수 있다. 하지만 시장 기회는 조금만 망설이면 늦는다. 무조건 이달에 출시해야 한다. 다른 문제는 그 다음에 생각하면 된다.

B. 기술팀은 시장의 프로세스를 잘 모른다. 고객이야말로 회사를 먹여 살리는 부모와도 같은 존재다. 그러므로 그들에게 그 중요성을 이

해시켜야 한다.

C. 테스트는 꼭 거쳐야 하므로 제품 홍보 계획을 새롭게 짜야 한다. 또 다른 마케팅 기회나 영업 전략은 없는지 모색해본다.

D. 기술은 기업의 목숨과도 같다. 품질이 보증되지 않으면 아무것도 없는 거나 마찬가지다. 이 결과를 상사에게 보고하는 수밖에 없다.

위 문항 중 하나를 선택했다면 당신은 흑백논리의 함정에 빠진 거나 다름없다. 흑백논리에 빠지면 다음과 같은 두 가지 현상이 나타난다.

1. 자기 입장만 고집하는 상황

- 저도 이 부분만은 절대 양보 못 해요.
- 그 사람에게 이 문제를 설득시켜야겠어.
- 내가 옳다는 걸 그 사람에게 증명해낼 거야.
- 내가 그 사람을 바꿔놓겠어.
- 내 말대로 따르게 할 거야.

2. 현실에 타협하는 상황

- 이게 규정이래요. 바꿀 방법이 없어요.
- 그 사람도 힘들긴 마찬가지일 거예요.

- 그 사람 말이 맞아요. 저는 그 사람 말에 따를게요.
- 그 사람은 나를 바꾸려고 해요. 안 그러면 관계가 어그러질 거예요.
- 그 사람은 매우 강경해요. 다른 방법이 없는 모양이에요.

흑백논리는 생각을 단단히 묶어버린다. 극단적으로 생각하고 행동하게끔 몰아간다. 이럴 때는 다음의 공식을 활용해 생각을 풀어주자.

◆ 공식 1 : 예외를 찾아보자

왜냐하면 A이기 때문에 그러므로 B ….

A는 곧 B(A=B)이므로 만일 A=-B라면 ….

- 제품 판매=테스트 완료
- 제품 판매=테스트 미완성일 때, 즉 테스트를 완료하지 않은 상황에서 제품을 판매하려면 어떻게 해야 할까?
- 중요한 기능의 테스트만 먼저 마칠 수는 없을까?
- 계약을 성사시킨 후 테스트 일정을 당겨 납기에 영향을 주지 않도록 시간을 조정할 수는 없을까?
- 중요한 플래그십 제품 두 가지만 테스트를 마치고 주력으로 홍보한 뒤 나머지 제품은 향후에 진행할 수 없을까?

더 많은 예외 상황을 생각하면 고집적인 결론으로 힘을 빼는 일이 줄어든다.

◆ 공식 2 : 전제를 뒤바꾸자

왜냐하면 B이므로 A ….

그렇다면 –A이다. 왜냐하면 ….

- 제품의 테스트를 완료해야 판매할 수 있다.
- 제품 테스트를 완료했는데도 판매가 성공적이지 못한 이유는 ….
- 제품 테스트를 마쳤다고 반드시 판매에 성공하는 건 아니다. 그렇다면 제품 테스트 외에 판매 부진에 영향을 주는 요소는 무엇일까?
- 제품 박람회의 고객 수요 상황이나 경쟁사의 상황, 제품의 가격 ….

더 많은 가능성을 보게 되면 고집적으로 하나의 요소에만 매달려 씨름하지 않을 수 있다.

◆ 공식 3 : 공존이 가능하다

A면 B는 없다.

A이기도 하면서 B가 될 수 있는 방법은 ….

다음 달 말에 제품 테스트가 끝난다면 굳이 제품 박람회에서 판매해야 할 필요가 없다.

흑백논리의 함정에 빠지면 '이것 아니면 무조건 저것'으로 생각한다. "두 마리 토끼를 한 번에 다 잡을 수 없다."라고 단정 짓기 때문이다. 더 많은 아이디어를 떠올릴 수 있다는 사실을 간과한다. 예를 들어 자원을 조율하거나, 인력을 증원하거나, 테스트 프로세스나 기술을 개선하는 등 보완책을 세울 수 있다. 영업팀에서 홍보자료와 제품 데모를 만들어서 고객에게 맞춤형 제품 홍보를 하는 것도 하나의 방법이다. 고객의 주문 상황에 따라 스케줄과 관련 테스트를 조정하는 방법도 있다. 다시 말해 주문과 품질 두 마리를 한 번에 잡을 수 있다는 말이다.

차별화된 갈등 해소법

◆ 이익 충돌

양측의 근본적인 이익과 상황의 차이로 충돌이 일어나는 경우가 있다. 한 회사 안에서 일어나는 부서 간 갈등이 대표적인 예이다.

인테리어 회사의 설계팀에서 불만이 쏟아졌다. 영업팀에서 고객의 수요를 제대로 관리하지 못한 탓에 디자인 방안을 계속 번복하고 수정했기 때문이다. 그 바람에 엄청난 시간과 자원을 낭비했으며 전문성이 떨어진다는 평까지 들었다. 반면 영업팀에서는 설계팀이 고객의 이익을 우선으로 하지 않았다고 항변했다. 이 프로젝트를 하는 동안 영업팀 인력은 24시간 휴대전화 전원을 켜고 대기했지만, 설계팀은 그 누구도 야근하지 않았으며 고객이 설계를 여러 차례 수정했을 때 냉담한 반응을 보였다는 것이다.

문제를 공개하고 같이 협상하라

이익의 문제는 회피할수록 악화된다. 가장 좋은 방법은 공론화해서 같이 협상하는 것이다. 회사의 회의시간에 해당 문제를 공식적으로 토론해야 한다. 양쪽 모두 동의하는 형식으로 문제를 논의하고 관련 담당 인력도 모두 참가하도록 한다.

규칙은 세부적으로, 내용은 명확하게

다 같이 모여서 토론할 때는 구체적인 규칙을 정하자. 업무 간에 모호한 내용을 명확히 규정해야 한다. 이 역시 양쪽 모두 동의하는 내용으로 책임과 분담이 확실히 구분될수록 좋다. 어떤 것은 반드시 수정해야 하는지, 고객과 사전에 정확하게 확인해야 할 세부사항은 무엇이며 누가 담당할지 결정하는 것이다.

결과 주도형으로 모두가 협업이 되도록

규칙을 토론할 때는 끝도 없는 논쟁이나 양측의 권력 다툼, 함정에 빠져서는 안 된다. 공평성과 효율성을 확보하려면 제삼자나 상사가 자리에 함께해야 한다. 이렇게 하면 결과 주도형의 토론을 통해 문제의 최종적인 해결 방법을 찾기 쉽다.

◆ 인지 충돌

자녀의 교육 문제는 부부 사이에 충돌의 주요 원인이다. A와 C는 초등학교 자녀의 선행학습 문제를 두고 다툼이 잦다. 그런데 이 문제는 한 사건을 바라보는 이해와 시각, 선택과 관련된 문제의 인지적 충돌이다. 만일 이 가족의 분쟁 해결사나 결혼생활 치료사로 파견된다면 다음의 방법으로 문제를 해결해보자.

효과적인 소통을 위한 정리

정확한 이해 : 우리는 때로 한 자리에서 얘기하지만 서로 다른 어휘를 사용할 때가 있다. 지역에 따라 다른 어휘를 사용하기 때문인데 가령 '두부'를 어느 지역에서는 '둠비'라고 표현한다. 혹은 발음이 같은 하나의 단어가 두 개 이상의 뜻으로 사용되기도 하는데 '지름'의 예를 보면 일반적으로 '원의 중심을 지나는 직선'을 나타내는 말로 알고 있지만, 어느 지역에서는 '기름'을 뜻

하는 단어로 사용된다.

언어 소통의 다름은 SNS에서 더 크게 드러난다. 세대 간 차이가 극명하게 드러나는데 부모와 자녀 간 메시지에서도 이해의 큰 차이를 보인다. 엄마가 '밥 먹었니'라고 보내니 딸이 'ㅇㅇ'하고 보냈다. 엄마는 이를 '엉엉'으로 이해하고 '왜 우냐'고 물었다. 딸은 안 울었다고 했다. 그렇다면 'ㅇㅇ'은 엄마가 무슨 뜻이냐고 물으니 '응응'이라 답한 것이라고 했다. 자음만 쓰는 경우 혹은 무료로 제공되는 이모티콘은 사용하는 사람에 따라 그 의미를 다르게 쓰기에 전혀 다른 의미로 해석될 수 있다. 만약 '잘 가'를 형상화한 이모티콘을 '다음에 또 보자'라는 의미했지만 받은 사람이 '이젠 끝이다'라고 해석한다면 그 간극은 회복되기 어렵다. 그러므로 충돌이 일어나는 핵심 단어를 양쪽이 어떻게 이해하고 있는지 명확하게 알아야 한다. 자녀 교육 문제에서 충돌하고 있는 부부라면 어디서 교육 관념이 서로 다른지, 둘이 같은 개념으로 이해하고 바라보는 부분은 무엇인지 확인해야 한다.

정확한 동기 : A가 공립학교를 고집하는 이유가 뭘까? 사립학교에 대해 걱정하는 건 뭘까? 같은 이치로 C는 왜 사립학교를 포기하지 못하는 걸까? 무엇 때문에 사립학교를 고집하며 공립학교의 어떤 점을 걱정하는 것일까? 이런 질문을 던지면 A는 전

통적인 교습 방식이 가장 과학적이고 효과적이라 생각하고 C는 아이의 자주성을 길러주는 게 무엇보다 중요하다고 생각하는 걸 알 수 있다.

교집합 찾아내기

차이점에 집중하면 논쟁은 멈추지 않는다. 공통분모, 교집합으로 눈을 돌려야 앞을 향해 나아갈 수 있다. 앞에서 말한 부부는 먼저 자기가 희망하는 학교를 나열한 뒤 왜 그 학교를 지지하는지 그 요인을 적어보자. 교사, 교육 자원, 담임 교사, 자율성 양성, 안전, 집과의 거리, 학비, 운동장, 학습 교구, 인테리어, 식당 등의 교집합을 보면 둘 사이의 연결 고리를 찾을 수 있다. 이로써 각자가 견지하는 의견 외에 다른 가능성을 보게 된다.

아울러 A는 자신이 생각하는 전통적인 교습 방식이란 무엇인지 구체적으로 설명해 C의 이해를 구해야 한다. C는 A의 의견 가운데 인정하는 내용을 추려 교집합을 뽑아본다. 교집합은 힘을 합쳐 나아가는 기반이 된다.

공동의 데이터베이스 만들기

우리가 효과적인 의사 결정을 내리지 못하는 이유는 충분한 정보가 없기 때문이다. 갈등과 마찰을 해결하고 공감대를 형성하려면 자신이 이해하는 사실을 최대한 많이 얘기해야 한다. 가령 시각장애인이 코끼리를 만진다면 자신이 만진 부분을 최대한 자세하고 명확하게 묘사해야 한다. 그래야만 의견을 취합하였을 때 한 마리의 완전한 코끼리의 모습을 완성할 수 있다. 이처럼 부분이 모여 완성되는 공동의 데이터베이스에는 다음과 같은 사실을 추가할 수 있다.

- 상대가 주목하지 않는 영역 : 현재 공립학교 역시 아이들의 자율성 배양을 매우 중시함
- 장단점 분석 : 공립학교, 사립학교의 장단점을 더욱 전면적으로 분석해야 함
- 장기적인 결과 예측 : 선택한 학교가 초중고 및 대학 입시에 미치는 영향 분석
- 가치 있는 경험과 경력 : 주변에 경험 있는 사람들에게 자문, 그들의 생각 참고

◆ 깊은 갈등

미국 보스턴의 가정 치료 단체에서 '공공 대화 프로젝트Public Conversation Project'를 진행했다. 낙태 문제로 야기되는 적대감과 폭력적인 충돌에 관한 매우 복잡한 문제였다.

갈등의 무리는 종교적 신앙으로 낙태를 반대하는 측과 미혼모의 새 출발을 지지하는 측이었다. 도덕, 자유, 인권, 생명 존엄, 권리 등 여러 각도에서 이 문제에 접근했다. 양측의 대화는 시간이 갈수록 고조되었고 심지어 살인과 테러가 일어나기도 했다.

깊은 갈등은 신앙과 문화, 생활 방식과 연관되어 있으므로 이를 처리하려면 매우 신중한 태도를 취해야 한다. 전문가들은 다음 세 단계를 신중하게 거친다.

신뢰 형성

갈등을 겪는 양측 참가자들이 참석했다. 첨예한 갈등을 피하려고 식사 자리에서는 절대 낙태에 관한 화제를 언급하지 않기로 했다. 참가자들은 직장이나 자녀, 날씨 등 공감대가 형성되는 공동의 화제로 이야기를 나누었다.

스토리 공유하기

정식 토론을 시작하기 전 사회자는 먼저 참가자들에게 원칙과 입장을 주장하지 말고 자신이 직접 겪은 경험만 이야기할 것을 요청했다. 조금씩 많은 사람이 과거에 낙태와 관련해서 겪었던 어려움과 아픔을 나누었다. 이들은 서로 각자의 경험과 성장 과정을 듣고 서로를 이해하고 동정심을 갖게 되었다.

회색 지대

감정을 공유하고 난 뒤 사회자는 참가자들에게 자신의 회색 지대, 즉 자신이 견지하는 의견 중에 의심이 가거나 불확실한 부분을 얘기하게 했다. 그러자 서로 반대하는 측의 입장과 비슷한 관점에서 말하는 기적이 일어났다. 이를 계기로 사람들은 더 많은 가능성을 탐색하기 시작했다. 그중 하나는 극도의 위험 상황에서는 임신 가능성이 있는 사람을 보호하고 교육과 경고를 해주자는 것이었다. 격렬한 갈등과 충돌은 하나로 결속된 공동의 행동으로 변했다. 심지어 서로 대립하던 참가자들은 사적으로 좋은 관계를 유지하는 친구가 되기도 했다.

흑백논리에 빠뜨렸던 일을 떠올려보자. 이번 장에서 배운 세 개의 공식에 따라 그 일에 '자유'를 더해보자.

왜냐하면 A이기 때문에 그러므로 B ….

A는 곧 B(A=B)이므로 만일 A=-B라면 ….

왜냐하면 B이기 때문에 그러므로 A ….

그렇다면 -A이다. 왜냐하면 ….

A면 B는 없다.

A이기도 하면서 B가 될 방법은 ….

실전 12 • 소통의 '4대 진료법'

자신의 말하는 방식 돌아보기

소통의 문제로 힘들어하는 사람은 어떻게든 문제를 해결할 방법을 찾는다. 그러나 자신이 어떻게 말하는지 돌아보고 생각하는 사람은 많지 않다.

몇 년 동안 소통 훈련을 강의하면서 사람들 대부분이 자신의 말하는 방식을 돌아보지 않는다는 문제점을 찾아냈다. 그래서 나는 매번 강의 전에 '소통에서 자신에게 일어나는 문제'를 적어보게 했다. 그 결과 첫 번째로 비중이 높은 대답은 53.6%를 차지한 다음 같은 문제들이었다.

- 상대를 어떻게 설득할 수 있을까?
- 나와 의견이 다른 사람과 어떻게 대화를 나눌까?
- 상대에게 어떻게 내 조언을 받아들이게 할까?
- 고집스러운 사람과는 어떻게 대화해야 할까?
- 그 사람은 'YES'라고 말해놓고 왜 행동하지 않을까?

이런 고민은 "어떻게 하면 상대가 내 말을 듣게 할까?"로 정리된다. 자신의 말을 상대가 수용하고 호응하는 소통의 목적을 달성하려는 것이다. 그러나 이는 '나' 중심의 사고에서 출발한 목적이다. 소통의 문제가 발생하면 서로를 탓한다. '상대가 너무 고집스러워서', '상대가 협조해주지 않아서'라고 결론 내는 것이다. 소통은 일방통행이 아니다. 그러므로 문제가 생기면 상대를 탓하기 전에 자신의 '말하는 방식'을 돌아봐야 한다.

두 번째 비중이 높은 대답은 27.5%를 차지한 다음과 같은 문제였다.

- 내가 하는 말을 비전문가인 상대가 알아듣지 못할 때는 어떻게 할까?
- 그 사람은 왜 나를 이해하지 못할까?
- 내 말을 끝까지 들어주지 않는 상사에게는 어떻게 할까?

이런 문제는 비교적 강한 상대와 말이 잘 통하지 않을 때 발생한다. 여기서도 자신이 원하는 소통의 결과를 얻지 못한 원인을 상대에게 돌린다. 습관적으로 '상대가 비전문적이어서', '상대가 알아듣지 못해서', '상대가 인내심이 없어서', '상대가 너무 강해서'라는 이유를 찾았다. '어떻게 해야 더 정확히 말할 수 있을까?', '상대가 잘 알아듣게 설명하는 방법은 무엇일까?'라고 스스로 질문하지 않는다. 원인을 외부 요인으로 규정짓는 타성이 자신의 말하는 방식을 돌아보지 못하도록 방해하는 것이다.

그리고 10%를 차지한 문제는 소통 중에 자기 정서를 통제하지 못해 발생한다고 했다.

- 이 문제는 어떻게 해결해야 할까?
- 정서적으로 요동칠 때는 어떻게 대화를 나눠야 할까?

이런 문제를 인식했다는 건 소통에서 자기 정서를 관리해야 한다는 걸 깨달았다는 의미이다. 하지만 자기 정서의 통제가 쉽게 되지 않는다. 감정에 휩쓸려 소통에 더 큰 문제를 발생시키기도 한다. 갈등이나 대립 상황에서 어떤 대화 방식을 사용해야 할지 모르기 때문이다.

조사 결과 단 5%의 사람만이 자신의 말하는 방식에 고민을 드러냈다.

- 빨리 친해지려면 무슨 말을 해야 할까?
- 사람들은 왜 내 말에 관심이 없을까?

결국, 관계를 구축하지 못하는 사람만이 어떻게 말해야 하는가에 초점을 맞춘다. 그러나 이들에게는 형성된 관계가 없기에 혼자만 전전긍긍하다 끝난다. 결론적으로 말하면 소통의 문제에서 자신의 말하는 방식을 돌아보고 반성하는 사람은 거의 없다는 것이다.

망望 : 상대의 말을 관찰하라

감성지수가 높은 사람은 다른 사람이 어떻게 말하는지 유심히 관찰한다. 타인을 관찰하며 자신을 더 잘 이해하기 위해서다. 다른 사람이 어떻게 말하고 표현하는지 보면서 어떤 표현법이 좋은 소통을 만들고 어떤 말하기가 마찰을 불러오는지 파악한다. 주변 사람들이 소통의 선생님이 되는 것이다. 식사 자리나 친교 모임, 직장 내 팀원 회의에서 어떻게 화제를 꺼내고 전달하며 기승전결을 이끌어 가는지, 어디서 말을 끊어야 하고 어떠한 표현 방식의 구조가 필요한지 관찰할 수 있다. 어떻게 말하면 사람들에게 인정을 받고, 어떻게 말하면 배척당하는지는 의식적으로 익혀야 하는 부분이다.

사람들이 하는 말의 작용도 의미 있게 돌아봐야 한다. 감정이 처져 있을 때나 우울할 때 힘을 주고 일어나게 한 말이 무엇인지 생각해보자. 기쁘고 행복할 때 더 큰 용기와 사랑을 건네준 말은 무엇이었을까. 가정 안에서 어떻게 말하면 가족들이 더 친밀하게 느끼는지, 어떻게 말했을 때 갈등을 일으키는 장본인이 되었는지 기억해야 한다.

SNS에 올라오는 게시물은 매우 흥미롭고 재미있는 대화의 축소판이다. 게시물에는 그 사람의 생각이 고스란히 담겨 있다. 사람마다 올리기 좋아하는 게시물은 무엇인지, 그들은 어떤 표현을 자주 사용하는지, 다른 사람의 게시물에 '좋아요'를 흔쾌히 선사하는 사람은 누구인지, 구경만 하고 글을 쓰지 않는 사람은 누구인지, 어떤 게시물이 사람들의 마음을 울리는지, '공유'가 많은 게시물의 특징은 무엇인지 유심히 살펴보는 시간을 가져야 한다.

문聞 : 자신의 언어를 살펴보라

L은 열처리 기업의 대표로 수천 개의 업체를 관리하고 있다. 그는 열정 넘치는 전형적인 기업가로 결단과 행동이 매우 빠르고 효율을 중시했다. 그런데 최근 혈압이 많이 높아지면서 건강에 적신호가 켜지는 날이 종종 생겼다. 걱정이 된 비서는 그에게 업무처리의 속도 조정을 제안했다. 하지만 그는 아랑곳하지 않고 여전히 바쁜 나날을 보냈다. 하루는 비서가 그의 동의를 받고 둘이 나누는 대화를 녹음해서 파일을 전송해주었다. 다음 날 비서는 대표로부터 메일 한 통을 받았다.

"내가 말하는 속도가 이렇게 빠른지 몰랐어요. 내가 듣기에도 정말 거북하군요. 김 비서 말이 맞았어요. 일이나 말, 행동에서 속도를 조정할 필요가 있겠네요."

우리는 어떻게 말해야 더 좋은 소통의 효과를 이끌지 안다. 그러나 자신의 말 습관을 인지하지 못해서 수정 보완이 되지 않아 개선점을 찾지 못한다. 자신의 말하는 습관을 들어본 사람은 향후 개선 방향을 스스로 찾아낼 수 있다.

자신의 목소리를 녹음해보자. 자기 목소리와 발음을 녹음해서 들어본 사람은 소통 방식에 주의를 기울이는 사람이다. 중요한 정보를 전달해야 한다면 자신의 음성을 녹음해본 뒤 먼저 들어보는 것을 권한다. 목소리의 높낮이나 속도를 객관적으로 평가해보면 수정할 부분이 생긴다. 한두 번 연습하면 대화 수준은 반드시 향상될 것이다.

심리상담사의 중요한 업무 중 하나는 자신과 내담자의 대화 내용을 정리하는 일이다. 내담자의 동의하에 대화를 녹음해서 기록한다. 초보 상담사라면 이 기초 훈련을 반드시 거쳐야 상담하면서 생기는 시행착오를 줄일 수 있다. 스크립트를 정리하는 과정에서 상담사는 많은 대화 내용이 자신의 '상상'과 '기억', '생각'과는 다르게 진행되었다는 걸 깨닫게 된다. 현장에서 상담 매뉴얼에 따라 대화를 이끌고 진행한 것 같지만 상담사나 상담자의 말 습관이나 주관적 가치의 이입으로 내용이 의도한 바와 다르게 흐른 것이다.

이렇듯 우리도 대화하면서 중요한 내용을 놓칠 때가 많다. 상대의 말을 잘 들었지만 원래 그가 하려고 했던 말이 아니었거나 완전히 다른 뜻으로 해석하기도 한다. 그로 인해 대화 중 나의 반응이나 대답이 그 상황에 전혀 어울리지 않을 때도 있다. 자신이 대화에 얼마나 집중하고 이해력을 발휘하는지 궁금하다면 중요한 자리의 대화를 녹음하고 들어보자. 자신의 말하기 기술을 발전시키는데 유용한 방법이다.

문問 : 효과적인 피드백 얻어내기

사람은 저마다의 습관에 따라 대화를 나눈다. 이는 자신조차 간파하지 못한 부분일 수 있다. 따라서 대면 대화에서 "당신이 한 말은 틀려요.", "그렇게 말하는 건 옳지 않아요."라고 말하면 자신에 대한 지적으로 받아들이고 기분 나빠한다. 이는 주위에서 소통과 관련한 마찰이 끊임없이 일어나는 이유이다. 문제는 누구도 예외가 아니라는 사실이다. 이를 해결하려면 상대에게 효과적인 피드백을 얻어야 한다. 대화와 관련한 '당시의 상황,' '신뢰 관계', '구체적인 느낌'의 세 가지 요소를 바탕으로 조언을 구하자.

당시의 상황이란 무슨 일이 일어났는지(가장 좋은 건 대화를 나누는 현재, 지금)를 가리키는 것이고, 신뢰 관계란 서로를 신뢰하고 안전하다고 느끼는 관계를 지칭한다. 구체적인 느낌이란 어떤 말을 했을 때 듣는 사람이 느낌이나 감정이 어떠한지 솔직하게 알려주는 것이다. 예를 들어 'OO' 문제에 관련해 대화를 나눴다고 가정해보자. 대화의 말미에 "대체 왜 또 이 문제가 생긴 거야?"라고 물어보면(구체적인 사건) 상대는 순간적으로 자기 책임으로 느끼고 큰 압박을 느낀다. 그의 반응은 '너는 제대로 하는 일이 없다'라는 질책으로 다가온다. 이때 대화의 피드백을 받기 위해 기분 나빠하지 말고 다음과 같이 물어야 한다.

"제가 했던 말 중에 어떤 말이 불편하게 만들었나요?"
"제가 정확히 잘 말했나요? 제 생각을 인정하시나요?"
"화가 많이 나신 것 같은데 대화를 좀 나눠보시죠. 어떤 부분이 거북하신가요?"

어른이나 상사, 친한 친구나 가족에게 피드백을 요청해보자. 소통 훈련과 관련한 수업을 듣고 있다면 수업 시간에 훈련에 참여한 뒤 동기에게 문제점이 무엇이었는지 물어야 한다. 필요하다면 멘토링이나 심리상담사 등 전문가의 도움을 받아볼 수도 있다.

절[切] : 맥 짚기, 내면의 소리가 떠오르게 하기

적절할 때 대화를 잠시 멈추는 것도 기술이다. 대화의 공백이 자기 내면의 소리에 귀 기울이게 도와준다.

◆ 공백으로 '생각'에 날개를 달아주자

고객에게 열심히 제품을 설명했는데 아무런 대답이 없다면 어떻게 할까? 썰렁한 분위기를 참지 못하고 발걸음을 돌리려는 고객을 붙잡고 더 열심히 제품을 소개하거나 "고객님 생각은 어떠세요?"라고 집요하게 물어보진 않는가? 고객의 침묵은 생각하고 있다는 뜻이다. 생각을 정리하고 있다는 의미이기도 하다. 그럴 때는 기다림이 필요하다. 미소를 띠고 고객과 함께 자료를 훑어보거나 고객에게 차를 한 잔 따라주도록 하자. 조급한 마음으로 상황을 더 '가열'시키지 않는 것이 중요하다.

질문이나 의견 제안 후에는 잠깐의 공백을 줌으로써 상대가 생각할 시간을 마련해주어야 한다. 상황을 바꿔서 생각해보라. 우리는 중요한 질문을 받았을 때 한 박자 쉬면서 내면의 목소리를 확인하지 않는가. 그렇게 할 때 생각에 힘이 실리고 확신이 든다.

◆ 공백으로 감정 컨트롤하기

회사에서 프로젝트 일정을 협의하는 중에 문제가 발생했다. 동료들은 서로 자기 입장을 굽히지 않고 있다. 이런 상황에서는 화를 내면 낼수록 고집스럽게 굴수록 분위기는 더 험악해진다. 현명하게 '공백'을 활용하는 사람은 잠깐 생각할 시간을 주며 이

대치 상황을 잘 넘긴다. 우리의 일상도 마찬가지다. 걱정하고 불안해할수록 말이 많아지고 상황은 악화된다.

불안과 분노, 의심을 느끼거나 상대와 다른 생각을 가졌을 때나 갈등이 해결되지 않을 때는 잠깐 시간의 공백을 가져야 한다. 감정을 잠재우고 내면의 목소리를 들으면서 이성을 되찾자. 그것이 윤활유가 되어 양측 모두에게 융통성을 더해준다. 이로써 소통은 훨씬 원활하게 진행된다.

◆ 아홉 번의 침묵과 한 번의 말실수

가끔 아무 말도 하지 않는 게 나을 때가 있다. 마음이 잘 통하는 사람과 있을 때, 해명하면 할수록 상황이 더 악화될 때, 생각이 아직 정리되지 않았을 때, 대화 나누기에 적절한 장소가 아닐 때 등이다. 그럴 때는 침묵을 유지하는 것이 좋다.

마음속에서 다음과 같은 잡음이 들릴 때가 사람들이 등을 돌릴 때다.

- 피해자의 목소리 : "이건 내 잘못이 아니야. 나도 방법이 없다고! 그런데 왜 다들 나만 탓하는 거야?"
- 실패자의 목소리 : "시도는 아무 소용없어. 난 안 돼. 난 아무리 해도 성공하지 못할 거야."

- 자기 의심의 목소리 : "이렇게 해도 된다고? 절대 안 될걸. 성공하지 못할 거야."
- 결핍의 목소리 : "안 돼. 없어. 모자라. 어떻게 해도 안 된다니까(돈, 시간, 건강)!"
- 은둔의 목소리: "아무것도 하지 않고 아무에게도 눈에 띄지 않는 게 좋아. 가만히 있자."
- 비굴한 목소리: "저 사람 기분이 나쁜 건 아니겠지? 날 좀 봐봐. 저 사람이 좋아할까?"

이런 잡음이 자기 마음에서 들리면 입에서 나오는 말에 가시가 돋치게 마련이다. 무의식중에 잔뜩 긴장하며 방어태세로 상대를 공격하게 된다. 그로 인해 관계에 마찰이 일어나고 대치 관계가 펼쳐진다.

- 불공평의 목소리 : "대체 뭘 믿고 나한테 이러는 거야? 이 세상은 정말 불공평해. 규칙을 지키는 사람이 하나도 없어!"
- 재난화의 목소리 : "너무 무섭다. 조금이라도 잘못되면 다 끝나는 거야. 절대 그러면 안 돼!"
- 비교의 목소리 : "왜 그 사람이야? 그 사람이 뭐 그리 대단하다고? 뭐로 보나 내가 그 사람보다 훨씬 낫잖아!"

• 질책의 목소리 : "이건 아니잖아. 어떻게 이럴 수 있지? 저건 안 좋아. 왜 이렇게 하지 않는 거지?"
• 점유의 목소리 : "이건 내 거야. 그러니 내 말을 들어야 해. 내가 말하는 대로 움직여야 한단 말이야!"

이 같은 내면의 목소리에도 여러 문제가 내포되어 있다. 아름답고 즐거운 언어로 전환하여 구사할 줄 알아야 한다.

• 아름다움을 추구하는 목소리 : "세상에서 가장 아름다운 건 사람이야. 모든 사람에겐 저마다의 아름다움이 있어."
• 풍족함을 아는 목소리 : "내가 원하는 모든 걸 가졌어. 내 삶에 만족해. 인생은 기회와 기적으로 가득해."
• 희망의 목소리: "내일은 오늘보다 더 아름다울 거야. 모든 건 점점 좋아질 거야. 내 삶에 기대로 가득해."
• 유머의 목소리 : "너무 진지하지 말자. 진짜 재밌는 일이다. 한바탕 웃고 넘어가자."
• 낙관의 목소리 : "모든 도전은 내 인생에 도움이 될 거야. 난 날마다 강해지고 있어."
• 감사의 목소리 : "생명은 인생의 가장 아름다운 선물이야. 하늘과 땅, 나를 키워주신 부모님, 나와 함께해준 모든 친구와 지인들에게

감사해."

• 용서의 목소리 : "용서하지 못할 일은 없어. 나에게 좀 더 자유를 주자."

동양화는 여백의 미가 그림의 품격을 높인다. 드높은 산이 하늘 아래 너른 공간에 펼쳐져 있으며, 천 리를 유유히 흐르는 강물은 자연의 아름다움과 웅장함을 느끼게 한다. 음악에서의 여백은 조용한 휴지를 둠으로써 기쁨에 가득한 심정을 표현하거나, 감당하기 힘든 슬픔과 무게를 표현한다. 경극의 무대는 최대한 간단하고 심플하게 꾸민다. 이야기 속 천군만마는 이미 지나간 것처럼 묘사되고 문을 열지만, 문은 보이지 않게, 말을 타지만 말은 보이지 않는 무대장치를 통해 관객들에게 무한한 상상의 여지를 마련하는 것이다.

이렇듯 예술에서 여백이나 공백은 여유와 풍요를 선물한다. 언어의 여백은 우리 마음속의 소리가 하나씩 떠오를 수 있게 한다.

의미 있는 피드백 듣기 실전 연습 노트

가장 믿을 만한 선배나 상사, 친구에게 소통 방식에 대한 피드백을 받아보도록 하자.

실전 13 · 언어의 정리창

인생을 바꾸는 언어 안내 서비스

우리는 내면에 설정한 시나리오대로 인생의 무대에서 자기 '역할'을 연기한다. 대사는 유아기부터 학습되어온 말과 경험으로 몸에 익힌 표현들을 사용한다. 만일 당신의 운명을 바꾸고 싶다면 시나리오를 수정하고 역할을 재창조해서 대사를 뒤집어야 한다.

인생의 위치 시스템

쌍둥이인 언니와 동생에게는 능력 있고 기가 센 엄마가 있다. 엄마가 집에서 가장 많이 하는 말은 "빨리! 빨리!", "엄마 말대로 해", "이렇게 간단한 것도 못 해?", "나태해지면 안 돼!"라는 말이었다. 아빠는 항상 일이 바빠서 집안일에 많이 신경 쓰지 못했다. 자매가 기억하는 아버지의 입버릇은 "엄마 말대로 해."였다.

자매는 어릴 때부터 대학 시절까지 성적이 좋은 편이었지만 성격은 매우 달랐다. 언니는 엄마의 강경함을 싫어해서 항상 "왜요?", "그렇게 하기 싫다고요!", "대체 왜 그렇게 해야 해요?"라는 말로 반항했다. 동생은 언니와 엄마의 격렬한 전쟁에 끼어 있었다. 그녀가 보기에 언니는 그 싸움에서 얻어내는 게 아무것도 없었다. 가끔 엄마가 양보하지만 집안에서 일어나는 생사의 대권 싸움은 여전히 엄마가 장악하고 있었다. 동생은 천천히 참아내는 성격을 길러 "좋을 대로 해요.", "저는 다 괜찮은 거 같아요."라는 말로 엄마에게 적응해 나갔다. 그런데 엄마는 동생을 향해 "얘는 나한테 아무 얘기도 안 하니까 대체 무슨 생각을 하는지 모르겠어."라고 불만을 터뜨렸다. 하기 싫은 일도 입으로는 알았다고 얘기해놓고 진짜로는 하지 않거나 애교를 부려서 어떻게든 하지 않는다는 걸 잘 아는 까닭이다.

자신만의 논리와 근거로 생각을 표현하는 언니는 본인이 생각하는 주도권을 유지하고자 했다. 그 덕에 학교에서 열리는 토론대회에서 늘 우승을 놓치지 않았다. 동생은 마음과 말이 다르다는 특징으로 조용히 자신이 원하는 결과를 얻어냈다. 그녀는 친구들 사이에서 좋은 사람으로 통했다. 이렇게 다른 대화 방식은 엄마의 말 습관과 지시에 대응하는 방법을 달리함으로써 길러졌

환경 → 소통 방식 → 효과

[표 13-1] 언어의 자동 안내 시스템

다. 자매는 각자 기대하는 효과를 얻어내기 위해 자기만의 노하우를 찾은 것이다.

자신이 어떻게 말하는가는 어릴 때부터 처한 환경에서 자연스럽게 길러진 습관이다. 대뇌에 안정적으로 자리 잡고 [표 13-1]처럼 필요시에 자동으로 대화의 방식을 안내한다. 인간관계나 일상에서 아주 중요한 역할을 담당하지만, 의식적으로 길러진 것은 아니다. 걸음걸이나 표정, 습관적인 사고방식처럼 쌓이고 축적되며 무의식적으로 형성되기 때문에 알아차리기도 힘들고 바꾸기도 어렵다.

◆ 바꾸기 어려운 '동자공童子功'

말의 발화 방식은 사람이 어린 시절부터 관계에 대응하기 위해 단련한 '동자공童子功'과 같다. 이 무술은 내공심법으로 자신의 정신을 수양하며 익혀가는데 한번 형성되면 바꾸기가 어렵다. 그 이유는 간단하다.

먼저 자신의 문제가 무엇인지 알지 못하기 때문이다. 엄마는 말대꾸하는 큰딸은 말을 듣지 않는다고 생각하고, 작은딸은 말과 행동이 다르기 때문에 머리가 아프다고 한다. 이는 딸들을 '통제'하려는 자신의 문제를 자각하지 못해서이다. 마찬가지로 큰딸도 엄마가 너무 강한 사람이라 반항만이 자유를 쟁취하는 길이라고 생각한다. 둘 다 자신들이 '통제'와 '공격'으로 상대를 제압하려고 한다는 문제를 인식하지 못하는 것이다. 동생도 마찬가지다. 아무리 말해도 엄마에게 적용되지 않는다는 결론을 미리 내리고 자신이 원하는 요구를 표현하지 않는다. 언니처럼 '뭐 때문에!', '그렇게 하기 싫어!', '엄마가 그렇게 말씀하면 힘들어요.'라고 마음속으로만 아우성치지, 감히 입 밖으로 내뱉지 못한다. 대신 고개를 숙인 채 '알았어요.'라고 답한다.

그로 인해 대화를 개선할 효과적인 피드백을 받기 어렵다. 동생은 언니에게 "언니, 엄마랑 그렇게 싸우는 거 아무런 소용이 없어."라고 말할 수가 없다. 왜냐하면 언니도 엄마와 똑같이 무섭기 때문이다. 다른 이유는 자신의 이중적인 언행불일치의 화법을 들키고 싶지 않기 때문이다. 언니 역시 동생에게 "너도 너의 생각을 표현하도록 노력해봐."라고 말하지 못한다. 엄마와 다투고 대립하는 모습이 자신도 좋아 보이지 않기 때문에 어디서부터 어떻게 말을 꺼내야 할지 알지 못한다. 더 중요한 건 언니는 자기주장의 진정한 의미가 무엇인지 알지 못한 채 반항심리로 엄마가 무슨 말만 하면 "뭐 때문에?", "나는 하기 싫어!"라고 소리치고 있다는 것이다.

일반적인 가정에서 겪는 문제가 아닌가 싶다. 가장 쉬울 것 같은 가족 내 소통이 다른 측면에서 보면 가장 어렵다. 사회적 관계는 협력과 이익을 고려하므로 서로의 대화 방식에 피드백을 주기도 한다. 대화 방식에 불만이 있으면 상대는 관계를 조정하는 방식으로 적응한다. 이는 상대방에 대한 예의와 존중이기도 하다. 하지만 어떤 경우에는, 앞에서는 순종하는 것처럼 보여도 뒤에서는 불평불만을 터뜨릴 수 있다. 이런 간접적인 피드백에서도 자신의 대화 방식에 문제가 있다는 깨달아야 한다.

◆ 인생은 왜 계속 반복될까

토론대회에서 우승을 놓치지 않았던 사례 속의 언니는 대학 졸업 후 발전 속도가 빠른 직종의 취업을 선택했다. 이 직종의 빠른 발전이 좋았지만 그만큼 해당 영역의 관리자들은 통제욕이 강했다. 상사는 늘 "빨리! 빨리!", "어서! 내가 말한 대로 해!"라는 말을 입에 달고 살았다. 듣기에 불편했지만 그런 말을 누구보다 많이 듣고 자란 언니에게는 익숙한 말이었다. 그녀는 새로운 프로젝트에 들어가면 회의 자리에서 자기 의견을 강하게 주장했고 조목조목 이유를 들어 논리를 펼쳤다.

동생은 아는 사람의 소개로 출장이 잦은 사람과 결혼했다. 그녀는 무탈하게 지내는 삶과 너무 가깝지 않은 부부간의 관계와 거리감이 좋았다. 가끔 시어머니가 와서 집안일을 도와주곤 했는데 어머니가 하시는 대로 편하게만 생각했다. 하지만 동작 하나하나에서 친정엄마의 '빨리! 빨리!'를 엿볼 수 있었다. 그래서 시어머니가 뭐가 먹고 싶냐 물으면 습관대로 "다 좋아요."라고 말했다. 그리고 어머니가 본인 기호에 맞게 음식을 준비해주면 입맛에 맞지 않은 그녀는 속이 안 좋다는 이유로 거의 손을 대지 않았다. 그리고 남편은 집안 문제를 상의할 때마다 "엄마 말대로 해."라고 말할 뿐이었다.

억압받고 통제받는 걸 싫어하는 언니가 왜 그런 직업을 선택했는지 궁금한가? 동생이 그런 시어머니를 만난 건 그냥 우연일까? 왜 자기주관이 확고한 남자를 찾지 않았을까? 여기에는 말 습관과 관련된 심리요인이 숨어 있다.

언니는 반항심과 반감이 큰 것처럼 보이지만 자신의 어머니처럼 '빨리빨리' 돌아가는 인생을 선호한다. 엄마와 대립하면서 논리에 근거한 논쟁과 토론 이후 얻어내는 승리감을 맛보았다. 그리고 그때 느끼는 쾌감에 중독되었다. 동료들이 그녀의 말하는 방식을 좋아하지 않더라도 문제가 되지 않았다. 실적만 잘 내면 진급이 눈앞에 기다리고 있기 때문이다. 만약 업무 진행이 느리고 느긋한 직종으로 전환하거나 감성적인 상사와 같이 근무하게 되면 오히려 막막했을 그녀였다.

동생은 기가 센 사람이 옆에 있어도 불편함이 없었다. 시어머니 때문에 가끔 난처한 상황에 직면하더라도 그런 상황에 익숙한 그녀에겐 문제가 아니었다. 남편은 말이 적고 부부 사이에도 일정한 거리를 유지하는 사람이었다. 열렬히 불타오른 적은 없지만 그렇다고 마찰이나 충돌을 일으킨 적 없는 것이 오히려 그녀를 안심시켰다.

이를 본다면 우리는 자신의 습관에 따라 익숙한 환경을 찾고 대상을 찾는 것 아닌지 모르겠다. 그로 인해 끊임없이 변하지 않는 삶의 시나리오를 반복해 살아가는 것이다.

◆ 새로운 환경이 변화로 인도한다

사례 속의 언니는 우월한 성적과 능력으로 성공했다. 여전히 매우 민첩하게 사고하며 열심히 임한다. 상사의 질문에는 적극적으로 대답하고 토론에 참여한다. 하지만 소통 시뮬레이션 수업에서 그녀는 겪어보지 못한 좌절을 만났다. 일대일로 부하 직원을 멘토링해주는 시뮬레이션에서 상사의 자리에 앉은 그녀는 부하 직원이 내놓은 '어떻게 해야 할지 모르겠다'라는 대답에 대책이나 대안이 없었기 때문이다.

대화가 시작되자마자 부하 직원은 업무량이 너무 많고 회사의 제도가 불합리한데 해결할 방법을 모르겠다는 불만을 쏟아놓았다. 그녀는 문제가 무엇인지 정확히 묻지 않고 자기 경험에 근거해 조언했다. 하지만 그 조언에 상대는 더 큰 불만을 제기했다.

"그건 아닌 것 같아요. 지금 하신 말씀은 맞지 않습니다."

이에 화가 난 그녀는 날카롭게 지시했다.

"그냥 내가 말한 대로 하도록 해!"

부하 직원은 지지 않고 "대체 왜요?"라며 반격했다. 그녀는 이제껏 익혀온 자기만의 기술과 방법이 무용지물이라는 것을 알았다. 너무나 익숙한 그 말을 들으면서 그녀는 자신이 과거 가장 싫어했던 사람과 너무 닮아 있다는 생각을 했다. 그리고 지금 자기 앞에 있는 부하 직원이 그때의 자신이라고 생각했다.

어느 오후, 동생은 산후 우울증으로 심리 상담실을 찾았다. 아이를 낳은 뒤 시부모님이 산후조리를 해주는 바람에 그녀만의 공간이 여러 사람으로 북적거리는 상황으로 변했다. 몸은 너무 피곤했고 아이를 돌보는 문제로 시어머니와 많은 갈등이 생겼

새로운 환경 → 과거의 소통 방식 → 아무런 효과 없음

[표 13-2] 언어의 자동 안내 시스템

다. 그녀는 가슴이 답답하고 부담감이 자신을 옥죄고 있다고 느껴졌다. 이에 자기 의견을 말하고 싶었지만 어려움이 이만저만이 아니었다. 남편의 도움과 지지를 받고 싶었으나 설상가상 그는 "엄마 말대로 해."라는 너무도 익숙한 말만 할 뿐이었다. 그녀는 심각한 우울증에 걸렸다.

인생의 성장과 도약 앞에는 언제나 새로운 도전 과제가 있다. 새로운 사람, 새로운 업무, 새로운 역할은 물론 [표 13-2]처럼 새로운 대화 환경을 만나게 되는 것이다. 언니 N은 그동안 자신의 능력에 기대어 승승장구했다. 하지만 관리자가 된 그녀는 팀원의 협업과 조화가 매우 중요해졌다. 다른 사람에게 미치는 그녀의 능력과 영향력이 더 커진 것이다.

동생 N은 부모가 되었으니 '며느리', '아내', '어머니' 역할을 동시에 수행해야 한다. 하지만 자신의 표현 능력과 대화 능력을 하루아침에 끌어올리기란 쉽지 않았다. 갈등의 원인은 이미 존재하고 있지만 그녀의 일방적인 침묵으로 애써 묵인되었다. 자녀가

없을 때는 가능했으나 부모가 된 지금, 대체 어떻게 해결해야 할지 몰라 길을 헤매는 것이다.

'언어의 정리창'을 만들어라

◆ 과거의 언어 안내 시스템을 끊어버려라

자신의 대화 방식이 현재 상황에 대응할 수 없다면 과거의 언어 안내 시스템에 문제가 생겼다는 뜻이다. 사례 속의 언니가 부하 직원을 통해 자신의 모습을 보면서 비로소 자기 문제를 직시한 것처럼 말이다. 그녀는 다른 사람과 대화할 때 자신이 자기 어머니와 똑같은 방식을 사용하고 있다는 걸 깨달았다. 이러한 인식은 자기 문제를 발견하는 매우 값진 관찰이다. 우울증에 걸린 동생도 아픔에 직면해 심리 상담실을 찾았다. 상담사의 도움으로 표현하지 못하는 자동 안내 시스템을 인식하게 되었다.

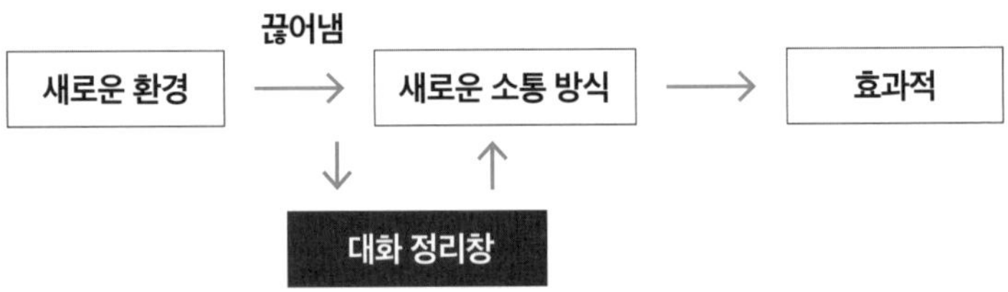

[표 13-3] 대화의 정리창

자신의 문제를 인식하더라도 아주 오랜 세월을 걸쳐 형성되고 굳어진 관성을 바꾸기란 쉽지 않다. 하지만 바꾸겠다는 의지가 있다면 과거에 사용했던 시스템의 의미와 가치는 물론, 현재 그것을 적용하지 못하는 원인까지 전면적으로 분석하고 깨달음을 얻어야 한다. 이 깨달음은 [표13-3]처럼 대화의 정리창을 통해 완성된다.

◆ '대사'가 아닌 '시나리오'를 각색하라

소통에서 문제에 직면하면 사람들은 좀 더 나은 기술이나 방법을 배우려 한다. 하지만 배운 대로 적용해도 결과는 그리 이상적이지 못할 때가 많다. 소통이 그저 대화법만 바꾼다고 자연스럽게 이어질 문제가 아니기 때문이다. 내면의 근본이 되는 시나리오를 각색해야 한다. 즉, 말(단어)을 바꾸는 게 아니라 시나리오를 바꾸어 '대화의 틀'을 변화시켜야 한다는 말이다.

인생의 시나리오를 각색하는 방식은 매우 다양하다. 내면의 시나리오를 각색하는 과정을 '대화 정리창'이라 하는데 심리학은 그중 아주 유용한 방법이다. 내면을 치료할 심리학 방법을 알아보자.

정신분석법

정신분석은 전통적인 심리 상담과 치료의 기술로 인격 해석에 해당한다. 정신분석의 정리창으로 과거 인생을 상세하게 정리할 수 있다. 특히 어린 시절의 기억과 주양육자가 미친 영향을 분석하게 도와준다. 사례 속의 언니와 동생을 예로 든다면 자매는 어머니의 양방향 소통 방식과 그것에서 받은 느낌, 우울하고 부정적인 정서, 아버지와 어머니의 관계 모델이 자신에게 미친 영향을 분석할 수 있다. 이런 방법으로 자신의 대화 방식의 근원을 찾아가는 것이다.

행위인지법

행위 인지 치료는 매우 이성적인 정리 방법이다. 표층 신념, 중간 신념, 핵심 신념과 같이 몇 단계로 나눌 수 있는데 자기 생각과 가치관, 내면을 대하는 태도를 정리할 수 있도록 돕는다. 나아가 소통이 실패하는 비이성적인 면을 발견할 수도 있다. 이러한 인지를 잘 조정하고 수정하면 대화의 방식은 자연스럽게 바뀐다.

쓰기정리법

여러 심리학파에서 자기 생각을 정리하는 방법을 제시하지만 쉽고 편하게 적용할 방법은 글쓰기이다. 글쓰기는 자신의 이야기와 감정, 생각, 마음을 문자로 전환하는 과정이다. 자기 내면과 대화하며 사건을 정확히 글로 쓰면 자연스레 마음속의 이야기를 할 수 있다.

모든 대화의 정리 과정은 '언어 안내 시스템'을 고치기 위한 것이다. 이를 통해 새로운 인지와 확장된 체험을 경험하고 새로운 방식의 대화법을 준비하게 된다.

◆ 상황에서 '역습'을 노려라

새로운 대화가 가져온 도전에 직면했거나 상처를 주는 대화가 반복적으로 이어진다면 우리 기억 속의 체험과 경험을 환기해보자.

자동 안내 시스템에서 소통의 정리와 반성을 마쳤다면 이제 새로운 소통 행위를 출력해내야 한다. 대화의 문제를 해결하는 것이 가장 중요하다. 새로운 소통의 행위가 성공하면 향후 지속적으로 사용하자. 그러면 언어 안내 시스템은 한 단계 업그레이드 된다. 따라서 점점 소통에 능한 사람으로 거듭날 것이다. 사회 및 대인관계에서 융통성을 발휘하는 사람으로 인정받을 수 있다.

자동 언어 안내 실전 연습 노트

내 부모는 갈등과 문제를 어떻게 처리하고 있는지 방식을 살펴보자. 문제에 봉착했을 때 어떻게 말하고, 어떻게 행동하는지 관찰해보라. 동시에 자신은 어떻게 문제와 스트레스를 처리하는지 돌아보자. 부모님과 어떤 점이 비슷하며 다른 부분은 어느 지점인지 분석해야 한다.

부모의 갈등(문제) 처리 방식	나의 갈등(문제) 처리 방식

실전 14 · 마음 정리창

기록하며 마음과 대화하기

'언어'는 밖으로 향한다. 자신이 어떤 사람인가에 따라 하는 말의 이미지와 격이 각기 다르다. '기록'은 안으로 향한다. 문자는 자신을 어떻게 대하고 바라보느냐에 따라 글도 다르게 쓰인다.

글쓰기의 힘

글쓰기는 예로부터 예술로 여겼다. 심리 치료에서 글쓰기가 적용되기 시작한 건 1980년대부터이다. 미국의 한 심리학자는 대학에 재학 중인 학생을 대상으로 실험을 했다.

조를 나누어 A조에는 과거에 자신이 상처받았던 일을 글로 작성하게 했다. B조에는 일상의 간단한 주제, 가령 기숙사, 신발 등으로 글쓰기를 하게 했다. 다만, A조의 학생들에게는 다음과 같은 안내문이 주어졌다.

> 작문 방에 들어가 문을 닫는 순간부터 당신은 인생을 기록하는 과정에 초대됩니다. 가장 불안하게 하고, 가장 아프게 했던 경험을 떠올리십시오. 어법이나 맞춤법, 문장 구조 등은 신경 쓰지 않아도 좋습니다. 솔직하게 내면 깊은 곳에 떠오른 생각과 느낌을 적어 내려가면 됩니다.

두 조의 참가자들은 모두 같은 시간과 장소에서 사회자의 안내에 따라 실험에 참여했다. 그 결과, 상처받은 경험을 적은 참가자들은 글을 쓰고 난 뒤 슬픔과 불안의 감정이 눈에 띄게 증가했다. 슬픈 영화를 봤을 때보다도 훨씬 강한 느낌이라 그 정서에서 빠져나오기 힘들어했다. 그런데 놀라운 사실은 장기적으로 실험자들을 관찰한 결과 일상을 주제로 글을 썼던 참가자들보다 질병으로 학교 내 메디컬센터를 찾은 비율이 2배 이상 낮았다. 글쓰기는 자기에게 가치와 존재를 선사하기에 상처를 글로 써내면서 스스로 치유와 회복의 기회를 맞은 것이다.

미국 오하이오주의 마이애미대학 실험실과 뉴질랜드 오클랜

드 의과대학에서도 '감정 글쓰기'와 면역기능의 상관관계를 증명하는 실험을 진행했다. 거기에서도 인체의 면역 체계의 강함과 약함은 개인의 스트레스 수준으로 결정되었다. 글쓰기를 마친 뒤 얼마간은 실험 참가자들의 마음이 매우 힘들고 슬펐지만, 장기적으로는 긍정적인 효과가 있다고 밝혀냈다.

이렇듯 글쓰기로 자신을 드러낸 뒤에는 홀가분한 마음으로 더 즐거운 삶을 살게 된다. 글을 쓰면서 그동안 겁나서 들춰보지 못했던 자신의 문제를 하나하나 직시하며 위로하고 치유받는 것이다. 그로 인해 위축되거나 소극적이었던 마음이 풀어진다. 우울감과 염세적인 생각이 줄고 걱정과 불안도 감소한다. 당당하게 세상과 맞설 용기를 갖게 된다. 이로써 새로운 환경에 잘 적응하는 문제나 적극적으로 사람들을 사귀고 어울리는 데 도움이 된다.

나날이 유행하는 마음 글쓰기

- 빠르게 변화하는 현대 사회는 더 많은 인간관계 갈등과 정서적 문제를 불러온다. 이에 스트레스를 받는 사람에게 글쓰기는 기분을 전환할 수 있는 가장 좋은 방법이다. 글쓰기는 감정의 폭풍우가 잠

잠해지도록 도와주고, 심리적 평정을 회복해 면역력이 높아지도록 도와준다.

- 삶에는 유아기부터 성장, 학업, 업무, 결혼, 출산과 자녀 양육, 성공, 죽음에 이르기까지 많은 역경의 과정이 있다. 각 단계에서 글쓰기는 자신의 가장 충실한 독자이자 친구가 되어준다.

- 마음 글쓰기는 자신을 좀 더 이해하고 관찰하며 탐색하도록 도와준다. 펜을 잡고 써 내려가는 동안 평소 드러내지 못했던 문제나 힘든 내면을 표현하도록 해주기 때문이다. 그러므로 글쓰기는 자신이 바라고 원하는 게 무엇인지 하나씩 정확히 알아가는 기회이다.

우리의 시선은 외부 세계를 보는 데 길들어져 있다. 자꾸 남과 자신을 비교하고 남의 눈에 비친 자신의 모습을 걱정한다. 그로 인해 보이는 것, 보여지는 것에 집중한다. 그러나 글쓰기는 내면을 돌아보는 과정이다. '내가 정말 원하는 것은 무엇인지', '내가 원하지 않는 것은 무엇인지', '내가 좋아하는 것은 무엇인지', '내가 두려워하는 것은 무엇인지', '나는 지금 무엇을 회피하는지' 등을 알 수 있게 해준다.

글쓰기에 겁을 낼 필요는 없다. 대단한 작가가 되려는 것이 아니지 않은가. 위대한 스토리를 짜낼 필요도 없다. 글쓰기가 삶의 작은 습관으로 자리하는 순간 삶을 누리는 법을 배우게 된다는 확신으로 임하자. 시끄러운 외부 세계와 종이 한 장만큼의 거리를 유지하는 법도 배우게 될 것이다.

기본적인 글쓰기 방법

◆ 도 구

펜과 종이는 전통적인 방식이 되었다. 요즘은 컴퓨터와 스마트폰 단말기의 유행에 힘입어 타자로 글쓰기를 대신한다. 그렇다면 목소리를 문자로 전환해주는 기능을 사용해도 되느냐고 묻는 이도 있다. 안 될 리 없지만 그 효과는 좋지 않다. 녹음한다는 것 자체가 대외적 소통의 행위에 해당하기 때문이다. 외부적인 대화와 내부적인 글쓰기의 느낌은 완전히 다르다.

◆ 시 간

매일 시간을 정해 글쓰기를 해보자. 기본적인 방법은 매일 20분 정도 글쓰기를 하는 것이다. 너무 어렵게 느껴지면 단 5분이라도 써보자. 하지만 다음 날부터는 다시 20분을 원칙으로 하는 것이 좋다.

◆ 주 제

같은 주제로 써보는 것도 좋다. 대학 졸업생이라면 직업을 선택할 때 자신의 기준을 적어보자. 매일 다른 주제로 써보는 것도 나쁘지 않다. 주제에서 벗어나 자유롭게 수필 형식으로 써 봐도 되고 느낌과 감각을 따라 써도 된다. 자유로운 글쓰기의 포인트는 펜을 쉬지 않는 것이다. 글을 쓰다가 맞춤법이나 어법을 틀리진 않을지, 내가 사용한 어휘를 수정해야 하진 않을지, 문장부호는 틀리지 않았는지 등은 걱정하지 말자. 글을 누군가에게 보여주기 위해 써서는 안 된다. 신문이나 잡지에 실리는 게 목적이 아니라 자기 자신을 위해 쓰는 것이다.

◆ 서 두

글쓰기가 처음이라면 어디서부터 이야기를 시작할지 몰라 펜을 움직이기 힘들다. 다음과 같은 문장을 활용해보자.

"지금의 나는 ⋯."

"나는 ⋯을 보았다."

"지금 내 방에는 ⋯."

"나는 ⋯."

"지금 ⋯ 생각이 났다."

"방금 …."

◆ 감정 통제

글을 쓰는 과정에서 감정적 동요가 심하게 일어나면 잠시 펜을 멈추어도 좋다. 해결하기 힘든 화제로 자신을 몰아가지 말자. 어느 정도 준비가 되면 그때 자연스레 이야기를 이어가면 된다. 글쓰기가 감정을 최악으로 몰아가거나 위험한 생각이나 행동을 부른다면 당장 다른 사람에게 그 일을 털어놓고 전문가의 도움을 받아야 한다.

◆ 긍정 정서

부정적인 정서를 적절하게 표현하면 마음이 한결 편안해진다. 하지만 부정적인 정서를 토로하는 용도로 글쓰기를 한다면 자기 연민에 빠질 수 있다. 이렇게 되면 글을 쓰면 쓸수록 결과가 좋지 않다. 부정적인 정서는 문제의 이해를 방해한다. 그러니 최대한 긍정적인 감정과 정서를 유도하고 긍정의 각도에서 문제를 바라보고 해결하는 연습을 하자.

글쓰기를 통한 자기 점검

◆ 필 적

종이와 펜으로 글을 쓰면 필체와 정갈함의 정도로 자신의 상태를 들여다볼 수 있다. 많은 사람이 글쓰기로 아픔을 털어내는데, 그럴 때의 필체에서는 힘이 느껴진다. 심란한 일이 있을 때는 휘갈겨 쓰거나 날카롭게 쓴 흔적이 남는다.

◆ 내 용

일정 기간 쓴 내용을 살펴보면 자신의 심리 상태를 점검할 수 있다. 한동안은 비슷한 주제로만 글을 쓰면 일정 시간을 기준으로 이해가 달라졌는지, 감정의 변화가 있는지, 시선의 폭이 넓어졌는지 등을 살필 수 있다. 특히 중대한 사건이 일어난 순간을 계속 기록하면 6개월이나 1년 후 안정된 자신의 심리 여정을 볼 수 있다.

◆ 변 화

글쓰기는 내면의 성장을 위한 것이다. 꾸준한 글쓰기를 이어간다면 자신의 변화를 엿볼 수 있다. 예전보다 더 잘 웃는다거나 더 잘 잘 수 있다. 신체적 정신적으로 더 건강해지고 새로운 에너지가 생기진 않았는지 살펴보자. 예전보다 덜 조급해할 수도 있고 다른 사람과의 마찰이 줄어들었을 수 있다. 타인과 훨씬 열린 관계를 맺고 일에 효율적으로 집중하며 삶의 의미를 중시하게 되었을 것이다.

◆ 시 점

1인칭 시점으로 쓰느냐 3인칭 시점으로 쓰느냐에 따라 사건을 서술하고 묘사하는 방식이 달라진다. 주로 1인칭 시점을 많이 사용하지만 3인칭 시점이나 전지적인 시점에서 문제를 바라보면 내밀한 거리감이 생긴다. 조금 더 객관적으로 사건을 바라보고 평가할 수 있다. 그러므로 하나의 시점만 일관되게 쓰지 말고 다양한 시점으로 같은 문제를 써보아도 좋겠다. 다 쓴 후에는 이 두 시점 사이의 차이도 살펴보자.

글쓰기를 통한 자기 계발

◆ 자유로운 글쓰기

학교 다닐 때 습득한 규범화된 글쓰기에서 벗어나자. 틀에 박힌 정형화된 글쓰기는 오히려 마음을 옥죄고 옭아맨다. 그렇지만 자유로운 글쓰기라고 아무렇게나 쓰는 게 아니다. 정신분석학의 자유 연상을 사용해 글쓰기의 의미를 발견해야 한다. 의식과 무의식을 연결해주는 자유로운 사고가 내면으로 통하는 길을 찾아야 대화를 이끈다. 자유로운 글쓰기의 훈련 목적은 글쓰기로 자기 마음을 울려 자기방어를 깨뜨리는 과정이다. 펜 한 자루가 몸에 걸쳐진 무거운 갑옷을 내려놓고 집으로 돌아가는 길을 안내해줄 것이다.

◆ 자신을 향한 관심

글쓰기로 자신에게 집중해 인격을 다시 만들어갈 수 있다. 언어는 눈에 보이는 인격의 파편과 같다. 무의식적으로 언어의 방식을 재조합할 수 있고 인격을 재구성할 수 있다. 글쓰기로 우리가 도달하고자 하는 목적은 내면의 무질서한 대화를 의미 있는 성장형 대화로 전환하는 것이다.

내면의 무질서한 자기 대화는 결함형 대화, 충돌형 대화, 무질서형 대화로 정리된다. 결함형 대화란 자기에 대한 의심과 부정, 공격을 가리킨다. 충돌형 대화란 인정하기 힘든 상황에서 나타나는 가치의 충돌이나 신분적 장애 등의 문제를 지칭한다. 무질서형 대화는 내면의 자기 형상이 내면의 대화를 어지럽고 복잡하게 만드는 현상을 가리킨다. '무질서형 대화'로 자기를 회복해가는 과정에서 다소 어려움이 따른다. 이때는 전문가의 도움을 받는 것이 좋다.

◆ 나만의 창작

내적 자아의 재구성으로 마침내 자유롭게 목소리를 내게 됐다. 만일 글쓰기를 사랑하게 되었다면 자신만의 작품을 써 대중에게 공개해도 좋다. 그러면 자연스레 창작의 단계로 들어가는 것이다. '자유로운 글쓰기'와 '나를 향한 관심'은 이미 자신의 무의식으로 들어가 자유자재로 활용할 수 있는 경지에 이른 것이다.

그로 인해 크리에이터나 작가, 편집자나 시인이 될 수 있으며 작품으로 사회적 보상도 받을 수 있다. 창작의 자유로운 표현은 사회에서 적절한 위치를 찾고 신분을 가지도록 한다. 글쓰기를 통해 성장하고 자란 성숙한 자아가 이끄는 삶이 된다.

우울함에 시달리던 당신도 창작물을 통해 유명한 작가가 될 수 있다. 자유로운 글쓰기와 자신을 향한 관심은 당신을 변화시켜 자유롭게 창작하도록 도울 것이다. 그렇게 되면 더 이상 사람들과의 대화에 연연하지 않게 된다. 이미 독특하고 풍부한 표현 방식으로 자신과 대화하고 있으며 이를 자유자재로 표현하는 글쓰기 능력을 가졌기 때문이다.

의미 있는 피드백 듣기 실전 연습 노트

간단하게 글쓰기를 체험해보자. 매일 20분씩 1주일을 연습하는 것이다. 당신이 발견한 모든 것을 기록으로 남기면 된다. 글쓰기가 힘들다면 아래의 표현으로 서두를 열어보도록 하자.

"지금의 나는 ______________________________"

"나는 ______________________________ 을/를 보았다."

"지금 내 방에는 ______________________________"

"나는 ______________________________"

"지금 ______________________________ 생각이 났다."

"방금 ______________________________"

자기변호와 궤변은 본질적인 차이가 있다.
전자는 결백함을 수반하지만 후자는 명예에 영향을 끼친다.

버락 오바마

두 사람이 눈을 마주쳤을 때, 큰 소리로 "좋은 아침!"이라고 건네는 인사말은
겉보기엔 별 의미가 없어 보이지만,
서로에게 모두 편안한 느낌을 가져다줄 수 있다.

하버드대학 인간관계 소통전문가 나카시마 아오코